COLLECTION ARTHUR SAVAÈTE A 1 FR. 50.

EUGÈNE GRISELLE
DOCTEUR ÈS LETTRES
LAURÉAT DE L'ACADÉMIE FRANÇAISE

LA VÉNÉRABLE MÈRE MARIE DE L'INCARNATION

PREMIÈRE SUPÉRIEURE DES URSULINES DE QUÉBEC

SUPPLÉMENT A SA CORRESPONDANCE

PARIS
ARTHUR SAVAÈTE, ÉDITEUR
15, RUE MALEBRANCHE, 15

La Vénérable Mère Marie de l'Incarnation

PREMIÈRE SUPÉRIEURE DES URSULINES DE QUÉBEC

COLLECTION ARTHUR SAVAÈTE A 1 FR. 50.

EUGÈNE GRISELLE

DOCTEUR ÈS LETTRES

LAURÉAT DE L'ACADÉMIE FRANÇAISE

LA VÉNÉRABLE MÈRE MARIE DE L'INCARNATION

PREMIÈRE SUPÉRIEURE DES URSULINES DE QUÉBEC

SUPPLÉMENT A SA CORRESPONDANCE

PARIS
ARTHUR SAVAÈTE, ÉDITEUR
15, RUE MALEBRANCHE, 15

LA VÉNÉRABLE MÈRE MARIE DE L'INCARNATION

PREMIÈRE SUPÉRIEURE DES URSULINES DE QUÉBEC

SUPPLÉMENT A SA CORRESPONDANCE

Les lettres de la première supérieure des Ursulines de Québec, Marie Guyard, veuve de Claude Martin, plus connue sous le nom de Marie de l'Incarnation, ont fourni aux historiens du Canada une mine de précieuses indications. Combien plus sûres seraient-elles sans les altérations qui les ont déformées Elles aussi peuvent servir à prouver les habitudes de liberté que prenaient alors avec les textes tous les éditeurs de correspondances ou d'ouvrages[1].

1. Ce n'est point le lieu de refaire, même sommairement, la vie de la V. Ursuline dont le procès de béatification ne tardera pas sans doute à aboutir La bibliographie du sujet est du moins assez riche pour mériter une mention. Depuis la *Vie*, publiée en 1677, par son fils (voir plus bas page 2) nous avons, par ordre de dates : 1° Charlevoix, S. J. Paris, 1724, in-8°, 2° Abbé Casgrain, Québec, 1865, in-8° de 467, 2e éd.; 3° Abbé Richaudeau, Paris, 1874 (aucune des deux éditions ne figure à la Bibliothèque nationale). L'auteur, en ne laissant point dans l'ombre les richesses de doctrine spirituelle que contiennent la *Vie* et les *Lettres* publiées par le P. Martin, complète très heureusement l'abbé Casgrain, qui s'est confiné dans les faits historiques; 4° Abbé Chapot, Paris, 1892, 2 vol. in-8° de XI-451 et 473. C'est la reprise un peu libre, on le verra (Voir p. 37, note 2.), de la biographie du P. Martin, qui demandait en effet une disposition meilleure; 5° *Vie de la V...* par une religieuse Ursuline. Paris, Retaux, 1893. Ce bon résumé des autres biographies, in-8° de VI-516 pages, se recommande par une introduction de Mgr Baunard. Les faits historiques sont d'ailleurs peu abondants et l'existence uniforme de la zélée religieuse tient en quelques lignes. Née à Tours, le 28 octobre 1599. mariée à dix-sept ans à un fabricant de soieries de cette ville, Claude-Joseph Martin, veuve au bout de deux ans, elle entre, douze ans après, chez les Ursulines de Tours, abandonnant, pour ainsi dire, aux soins de la Providence, son fils en bas âge. En 1639, elle quitte son monastère, avec une de ses compagnes, la mère Marie de Saint-Joseph, pour aller fonder au Canada, sous les auspices de Mms de la Peltrie, une maison de son Ordre, le premier

Passe encore que, dans ces lettres intimes que le fils de la sainte apôtre du Canada donnait au public[1], il ait effacé les témoignages personnels de nature à alarmer son humilité. La *Vie* du P. Claude Martin, écrite par Dom Martène, nous signalait déjà ces infidélités, vénielles en somme, auxquelles le biographe déclarait avoir porté remède :

« Je me suis aussi servi, écrit-il, des lettres que sa sainte mère luy avoit écrites, et comme j'apprehendois qu'il n'eût

monastère des Ursulines de Québec, où elle mourut, vingt ans après sa jeune compagne, le 30 avril 1672. Mais ses écrits, ses lettres et deux autobiographies que son fils a utilisées dans sa *Vie*, ont été assez remarquables pour la faire nommer par Bossuet, dans son *Instruction sur les Etats d'Oraison*, (liv. IX, n. III, éd. Lebel, t. XXVII, p. 356.) la « Thérèse de nos jours et du Nouveau Monde » (Voir *Etudes*, 5 juin 1906, p. 578, n. 1). Une thèse de mystique sur ses ouvrages est en ce moment en préparation et assurément le sujet en valait la peine.

1. *Lettres de la vénérable Mère Marie de l'Incarnation, première supérieure des Ursulines de la Nouvelle France*, divisées en deux parties. A Paris, chez Louis Billaine, au second pilier de la grande salle du Palais, au grand César, M.DCLXXXI, in-4°. (B. N. Ld ^{172} 2.) Dès l'année 1677, moins de cinq ans après la mort de sa mère, le P. Martin avait fait paraître *La Vie de la Vénérable Mère Marie de l'Incarnation, première supérieure des Ursulines de la Nouvelle France, tirée de ses lettres et de ses écrits*. A Paris, chez Louis Billaine, au second pilier de la grande salle du Palais, au grand César. M.DC.LXXVII, in-4° de 757 p. L'achevé d'imprimer est du 15 octobre 1675. (B. N. Ln ^{27} 9454.) Il existe une prétendue réimpression de cette *Vie*... à Paris, chez Antoine Warin, rue Saint-Jacques, proche la fontaine Saint-Séverin au saint Scapulaire. M.DC.XCVI. En réalité, la page de titre est seule nouvelle et il ne s'agit sans doute que d'une mise en circulation d'un solde d'exemplaires de la première impression, car la liste même des *errata* n'a pas varié à la fin du volume. — La division en deux parties, l'une *Lettres spirituelles*, l'autre *Lettres historiques*, est des plus malencontreuses. D'ailleurs, le P. Martin ne l'a obtenue souvent qu'en découpant en deux, et en transposant (notre premier autographe en fournit la preuve) deux fragments d'une même lettre. Aussi l'édition, introuvable elle aussi, ou à peu près, et absente de la Bibliothèque nationale, qu'a donnée M. l'abbé Richaudeau en 1876 (Paris et Tournai, 2 vol. in-8° de XIX, 557 et 567 pages), a essayé de remédier à cet inconvénient, en réunissant, d'après les dates, les tronçons de lettres; mais c'est là un travail délicat qui demanderait à être fait d'après des données plus sûres. L'inexpérience de l'éditeur éclate encore plus, en ce qu'ayant à publier huit lettres inédites à ajouter aux 217 éditées par D. Martin, il laisse au lecteur la peine de les rechercher dans ses deux volumes, sans aucune indication fournie, dans sa préface, sur ses sources et la manière dont il les met en œuvre.

supprimé beaucoup de choses par modestie ou par prudence dans celle qu'il a fait imprimer, j'ay consulté les originaux qui sont conservés fort religieusement au Monastère des Religieuses Ursulines de Tours[1]. »

Par malheur, la phrase qui était vraie en 1679, et nous prouve que Dom Martin n'avait pas détruit ou dispersé les autographes dont il avait si librement usé, ne l'est plus de nos jours; nous ignorons ce que sont devenues les épaves de cette correspondance, à la veille aujourd'hui de devenir plus précieuses encore.

Il serait à souhaiter que le plus grand nombre possible des écrits authentiques de la Mère Marie de l'Incarnation pût être contrôlé. A défaut des lettres mêmes du P. Martin, qui éclaireraient cette correspondance, mais dont son biographe déplorait déjà la perte, car elles avaient disparu, avec tant d'autres papiers, dans l'incendie du monastère de Québec survenu plus de vingt ans avant la mort de la vénérable, nous aurions le moyen de vérifier de plus près la fidélité fort suspecte du premier éditeur.

Parlant des deux « Relations » écrites par Marie de l'Incarnation sur l'ordre de ses confesseurs, l'abbé Richaudeau dit que nous n'en avons plus « le texte original », et il ajoute un peu candidement : « Mais Claude Martin déclare les avoir reproduites exactement, et il mérite toute confiance. »

S'il n'a pas été plus « exact » que pour les lettres, il s'en faudrait que la confiance dût être entière. Nous n'en voulons pour preuve que la confrontation de la lettre autographe retrouvée à la Bibliothèque Mazarine avec le texte publié

1. *La Vie du Vénérable Pere dom Claude Martin, Religieux, Bénédictin de la Congrégation de Saint-Maur. Décédé en odeur de sainteté au Monastère de Mairmontier, le 9 du mois d'aoust 1696, écrite par un de ses disciples.* A Tours, chez Philbert Masson, imprimeur ordinaire du Corps de Ville, et du Collège, MDC.XCVII, in-8°. L'abbé Richaudeau signale, dans son Introduction (2e éd., p. 35), en se les exagérant un peu, la rareté et l'intérêt de cet ouvrage. Il permet au moins de mieux connaître le fils de la vénérable Ursuline et de contrôler les diverses lettres qui lui sont adressées.

dans son édition de 1681. Il n'a sans doute point touché au fond des choses, mais pour le style, on en va juger.

En effet, la lettre du 4 septembre 1641, — la XXe de la première partie et la XXIe de la seconde — a subi des retouches regrettables, des transpositions, des suppressions plus fâcheuses encore. Le prurit commun à tous les éditeurs de l'époque, de rajeunir ou d'anoblir le style, et, surtout, de négliger comme insignifiants ou peu dignes de la postérité, les détails circonstanciés dont nous sommes aujourd'hui, à tort ou à raison, si avides, a transformé cette lettre, et probablement aussi toutes les autres.

Aux futurs hagiographes de la Mère Marie de l'Incarnation, dont la cause intéresse si vivement la province de Québec, le diocèse de Tours, et la France qui a donné au nouveau monde cette autre Thérèse, il appartiendra de restituer, à l'aide de tous les autographes subsistants, la physionomie véritable des *Lettres*, et de nous rendre les passages omis par la première publication. Notre rôle est seulement de fournir un spécimen du travail à entreprendre, et de publier pour la première fois, telles qu'elles furent écrites, les lettres autographes qui subsistent et tout d'abord celle de la Bibliothèque Mazarine.

Aussi bien, à la suite de la lettre si infidèlement éditée par D. Martin, s'en présente une autre, qu'il reçut de la Mère Marie de Saint-Joseph, lettre restée totalement inconnue. Ce billet de deux pages, ajouté à la lettre écrite par la mère à son fils, nous sera une occasion de remettre en lumière la figure trop oubliée de la jeune religieuse qui a tracé ces lignes, les seules pages autographes peut-être qui survivent à sa mémoire effacée. En voici une description sommaire.

L'une et l'autre lettre, envoyées le 4 septembre 1641, pour féliciter le P. Martin de son entrée en religion, nous ont été conservées par Nicole. Une note de sa main fait foi qu'il tenait cette pieuse relique du P. Martin lui-même[1]. Il l'avait donc

1. Au-dessous de l'adresse (fo 360 vo) : « A mon tres chere frere en ntre

reçue antérieurement au 10 novembre 1695, date de sa mort.

D. Martin qui lui survécut d'une année environ [1] ne songea pas peut-être à réclamer cette lettre, à laquelle sans doute il avait renoncé dès le temps de sa publication de 1681. Ces pages sont donc demeurées parmi les autres lettres reçues par Nicole, aujourd'hui reliées dans le manuscrit 2467 de la Bibliothèque Mazarine [2]. Par malheur, ces grandes feuilles in-quarto dépassent la dimension du recueil qui les contient, de sorte que la ligne inférieure, usée par le frottement, ne sera bientôt plus lisible [3]. Il est donc grandement temps de publier le texte exact de ces lettres intéressantes.

Deux autres sources, connues déjà de M. l'abbé Richaudeau, nous ont été ouvertes, et nous avons jugé utile d'y recourir. Les lettres qu'il a publiées d'après les autographes conservés à Mons, — moins une qui a sans doute été égarée depuis 1876, — ont été mises à notre disposition, d'après une copie authentique et collationnée. Cette transcription de cinq lettres, faite avec le plus grand soin, et conforme à l'autographe, nous a permis de rectifier un certain nombre d'erreurs, d'oublis et de modifications de détail qui restituent à ces lettres leur physionomie propre et les présentent ainsi au public vraiment pour la première fois.

---

seigneur Le frere Claude Martin nouise des Benedictins à Vandosme, » de la main de la vénérable, Nicole a écrit : « Cette lettre m'a esté donnée par le P. Martin, fils de la Mere de l'Incarnation ».

1. Le P. Martin mourut le 9 août 1696. *Vie*, p. 253.

2. J'aurai occasion de revenir sur le contenu de ce recueil où les « brouillons » de Nicole, témoins de sa grande facilité de plume, ne sont point la partie la moins instructive. J'en ai extrait notamment une lettre « pédagogique », du plus vif intérêt, sur une visite aux Ecoles des Miramionnes de Paris en 1690. Voir *Revue du Monde Catholique*, 15 juin 1909, p. 749. Cf. aussi *Jurieu et Louis XIV* dans le *Bulletin de la Société d'histoire du Protestantisme français*, mars-avril 1906, p. 147-167, et *Revue pratique d'Apologétique*, 15 juin 1906, p. 281-285.

3. J'ai déjà eu à signaler, à propos d'autographes de Racine, l'incurie avec laquelle sont traités dans plusieurs des dépôts publics, certains autographes qui mériteraient d'être plus soigneusement entretenus. Voir *Revue d'Histoire littéraire*, 15 juillet 1899, p. 436, note 1. *Manuscrits autographes de Racine à la Bibliothèque Mazarine*, *l. c.*, p. 436-439.

Les autographes gardés à la Bibliothèque de Troyes, dont l'un a l'avantage d'avoir été écrit le même jour que notre lettre de la Bibliothèque Mazarine et d'en offrir un commentaire, seront aussi publiés conformément au manuscrit original.

Les lettres ainsi restituées d'après les originaux, et dont l'annotation sera presque exclusivement tirée de la biographie et de la correspondance de la vénérable Fondatrice, nous permettront de compléter les études déjà entreprises sur cette intéressante figure.

La lettre autographe de la Mère Marie de Saint-Joseph, la seule pièce probablement qui subsiste d'une correspondance aujourd'hui disparue, nous donne lieu tout d'abord de faire revivre, à l'aide des amples renseignements dispersés dans les lettres de sa glorieuse compagne, cette courte et admirable existence d'une des premières apôtres du Canada.

Bien que ce billet soit en réalité une espèce de *post-scriptum* à la lettre de Marie de l'Incarnation, du 4 septembre 1641, pour ne point rompre la série des lettres de cette vénérable Ursuline, revisées sur les autographes, dont nous entreprendrons ensuite la publication et le commentaire, nous lui donnerons la première place. Aussi bien, nombre de détails relatifs à sa mémoire nous seront fournis dans les lettres de Mons et s'éclaireront ainsi du récit de sa vie et de sa mort.

I

LA MÈRE MARIE DE SAINT-JOSEPH, URSULINE DE QUÉBEC

Le nom et la mémoire de la Mère Marie de Saint-Joseph, la compagne emmenée de Tours par la Mère Marie de l'Incarnation, ont été éclipsés par l'éclat légitime qu'a jeté la vie de cette première Supérieure de Québec. Par bonheur, du reste, la biographie même et surtout les lettres de Marie de l'Incarnation, nous ont conservé, quoique dans l'ombre, tous les traits de sa physionomie. D'ailleurs, la vie très peu accidentée, très courte, mais aussi très pleine de travaux et de mérites, de cette jeune religieuse est bien simple et bien unie. Entrée comme pensionnaire au couvent des Ursulines de Tours, dès l'âge de neuf ans, elle n'en sortit pour ainsi dire plus jusqu'à son départ pour le Canada, le seul incident notable de sa vie, mais fécond en scènes dignes de la primitive Eglise.

Rien ne la peint mieux d'ailleurs que le récit de sa vocation pour les missions lointaines. Nous nous effacerons derrière la vénérable Marie de l'Incarnation, qui, mieux que personne, pouvait en parler. La Relation qu'elle a envoyée à Québec, après la mort de sa compagne, est la meilleure biographie qu'on puisse rêver, la vie d'une sainte écrite par une autre sainte[1].

C'est là, ainsi que dans la vie de la vénérable supérieure de Saint-Joseph de Québec, que nous puiserons, en lui laissant le plus possible la parole, les traits les plus saillants de cette figure vraiment angélique.

Née le 7 septembre 1616, de M. la Troche, seigneur de Savonnière, de Saint-Germain et des Hayes, et de Jeanne Raoul, tous deux d'une piété profonde, la future compagne et émule de Marie de l'Incarnation ne rencontra au foyer paternel que des exemples édifiants qui développèrent rapidement les germes d'une vocation précoce. Les traits charmants ou naïfs que sa biographe, depuis longtemps sa confidente, nous rapporte de sa première enfance, nous la mon-

1. Aussi M. l'abbé Chapot qui, dans les pièces justificatives de son premier volume, reproduit, comme biographie de la Mère de Saint-Joseph (p. 418-421), une partie du chapitre XI de M. l'abbé Casgrain, eût été mieux inspiré, lui qui se référait volontiers au P. Martin et à ses publications, de nous donner les lettres 46e et 47e de la seconde partie (p. 463 à 503). *Récit de la vie, des vertus, et de la mort de la Mère Marie de Saint-Joseph.*

trent comme irrésistiblement attirée vers la vie religieuse[1], sensible à l'excès aux petites taquineries que son père, sans conviction du reste, aimait à lui adresser sur son futur établissement dans le monde, auquel parmi les siens personne ne semble avoir jamais songé, mais tellement affectueuse en même temps que nous concevons ses luttes de cœur lorsqu'il s'agit d'abandonner, si jeune, tout ce qui lui est cher.

« Elle ne pouvoit aimer le monde parce qu'elle le voioit comme un golfe de perdition : son cœur ne tenoit plus qu'à sa mère [2]. »

Mais avant que la jeune professe de seize ans obtînt, au prix de déchirements qui nous révèlent sa puissance d'aimer, ce droit de se donner à Dieu qu'elle avait sollicité depuis deux ans avec tant d'instances, avant de s'affectionner à ce pensionnat, si austère pourtant, que dès son entrée elle envisageait déjà comme un vestibule du cloître auquel la portaient ses désirs d'enfant, elle avait été façonnée par les mains maternelles. Relevons en effet, à propos de sa première éducation, un détail qui mérite d'être mis en lumière. On sait si peu de chose sur la manière d'*élever les jeunes filles* à cette époque, que rien ne doit être négligé.

« Dès que cette chère fille commença d'avoir l'usage de la raison, Madame sa mère la voulut enseigner elle-même, ne voulant confier à personne le soin de son éducation [3] ».

---

1. Deux des sœurs de la future missionnaire de Québec entrèrent aussi en religion, mais nous ignorons à quelle date. Leurs noms se rencontrent dans la correspondance de Marie de l'Incarnation : la sœur de Saint-Germain, Ursuline à Tours (on sait que la seigneurie de Saint-Germain était un des titres de son père); Mme de la Troche, religieuse Bénédictine du Calvaire, qui devint supérieure générale de son Ordre. Toutes deux reçurent des lettres de Marie de l'Incarnation. Une autre de ses sœurs épousa M. de la Bretêche; et nous rencontrerons son nom dans une des lettres de Mons. (Cf. p. 75.) On voit enfin que sa mère lui survécut; son père était mort avant elle; peut-être l'avait-elle déjà perdu en 1641. Du moins dans la lettre du 4 septembre de cette année, elle ne parle que de sa mère.

2. *Lettres*, p. 4[illegible].

3. *Ibid.*, p. 466.

Cette éducation privée, œuvre de la mère elle-même, rendue plus nécessaire de nos jours, mais facilitée aussi, grâce à Dieu, par d'ingénieuses institutions, était aussi une des inspirations des grandes chrétiennes du siècle. Mme de Miramion voulut commencer de la sorte l'éducation de sa fille. Ainsi encore, Fénelon, dans son *Traité de l'éducation des filles*, donne de beaucoup la préférence à cet enseignement au foyer sur l'instruction dans les couvents. Cependant les écoles annexées aux monastères restaient la ressource obligée. De même que Mme de Miramion plaçait bientôt sa fille à la Visitation de la rue Saint-Antoine, ainsi la pieuse mère de la future Ursuline se déchargeait vite du soin de cette éducation, à peine ébauchée, et avant que la jeune Marie eût achevé sa neuvième année, l'envoyait comme pensionnaire chez les Ursulines.

« Elle la mena donc à Tours quoiqu'elle ne fût alors âgée que de neuf ans, et la mit entre les mains de la Révérende Mère Jeanne du Teil qui étoit alors Supérieure de ce monastère, et de la Mère Françoise de Saint-Bernard, qui en étoit souprieure.

» Celle-cy la reçut comme un présent du ciel, et luy a depuis tenu lieu de mère pour son éducation et l'a été en effet dans la vie spirituelle jusqu'à ce qu'elle soit passée dans le Canada[1]. »

Il arriva trop souvent au XVIIe siècle que de jeunes enfants, soit contre leur gré, soit au moins sans égard à leurs inclinations, aient été condamnés, pour ainsi dire, à entrer dans un monastère; mais ce ne fut point le cas ici. Bourdaloue, *Sermon sur les devoirs des parents envers leurs enfants*, réclame énergiquement contre cet abus de pouvoir, et met en scène, par un dialogisme vigoureux, l'aveugle obstination des parents : »

« S'il y a deux ou trois filles dans une famille à pour-

1. *Ibid.*, p. 467.

voir, on ne manquera pas d'en destiner une, même dans le berceau, pour le cloître. — Mais si elle ne s'y sent pas appelée! N'importe! — Monsieur et Madame le veulent. — Mais pourquoi? — C'est qu'il n'y a point d'autre parti pour elle. — Mais si elle n'a pas la grâce de la vocation! — Les mesures en sont prises. — Mais si son inclination ne l'y porte aucunement! — Elle fera tout ce qu'elle pourra quand elle y sera. — Mais si elle n'en a pas la disposition! — Elle l'aura quand elle aura pris l'habit.

Et voilà comme on traîne aux pieds des autels une pauvre victime, les pieds et les mains liés, et qui n'ose se plaindre de peur de découvrir la passion du père et l'obstination de la mère[1]. »

Les détails relatés par la biographie intime de la mère de Saint-Joseph nous montrent qu'en elle, si précoce qu'elle fût, la vocation était nette. Aussi, très aimée de ses compagnes pour son heureux naturel, la jeune pensionnaire s'attacha fortement à cet asile qu'elle aspirait à ne plus quitter. Il fallut presque lui faire violence pour l'en arracher un instant lorsque sa santé l'exigea.

« Elle devint fort infirme, soit par l'impureté de l'air, soit par la qualité de la nourriture : car comme nos Mères étoient fort pauvres en ces commencemens, les Pensionnaires s'en ressentoient un peu[2]. »

Ce trait de mœurs, qui a du moins le mérite de la franchise, montre que la pension des Ursulines de Tours n'était pas une bonbonnière. La jeune malade qui craignait, en retournant chez elle, de perdre l'occasion d'entrer en reli-

1. *Nouveaux sermons inédits de Bourdaloue.* Paris, Beauchesne, 1904, p. 41. On cherchera vainement dans l'édition Bretonneau ce passage vigoureux et bien d'autres du même genre, que les copistes apparemment n'ont point tout à fait inventés Mais il n'en demeurera pas moins acquis, pour beaucoup d'esprits arrêtés dans leurs anciennes habitudes, que Bretonneau nous a fidèlement donné tout Bourdaloue, et qu'il n'y a rien à chercher en dehors de l'édition officielle. On en peut juger par cet exemple.

2. *Lettres*, p. 467.

gion, s'efforçait de cacher son mal, un asthme persistant. Efforts superflus; sa mère, avertie, et toute alarmée, eut grand'peine à faire fléchir son obstination.

« On la porta doucement à céder, à quoi elle donna les mains sur la promesse qu'on lui fit de la ramener en peu de temps.

» Elle ne fut pas longtemps dans la maison de ses parens, qu'elle ne recouvrît sa santé et ses premières forces... A peine eut-elle passé quatre mois avec Messieurs ses parens qu'elle commença à presser son retour aux Ursulines[1]. »

Je me suis attardé à dessein sur ces premiers détails de la vie religieuse de cette enfant. Outre le charme du langage de la biographe qui écrit ses souvenirs dans la langue si savoureuse de son siècle, il y a là la trace d'un caractère. On y surprend aussi l'admiration affectueuse du témoin qui revit un passé toujours cher. Marie de l'Incarnation avait vu à l'œuvre cette commençante à l'ardeur insatiable.

« Je fus mise en ce temps-là au noviciat où je fus ravie de voir en une fille de quatorze ans la maturité d'une personne de trente[2]. »

Elle assista également à l'éveil, ou plutôt au développement de l'esprit apostolique dans cette âme. C'était pour avoir constaté son zèle pour le salut du prochain que la mère de Mlle de la Troche avait choisi pour elle comme pension le couvent des Ursulines, afin que, destinée à un ordre qui se livrait à l'enseignement, elle pût satisfaire ses aspirations. Mais le désir, si chimérique lui parût-il, des missions lointaines, naquit chez la jeune novice au contact de celle qu'elle devait suivre un jour au Canada. Après avoir raconté la profession de la nouvelle religieuse, elle rappelle que la lecture de la vie de saint François Xavier fit ses délices, et elle ajoute :

1. *Ibid.*, p. 468.
2. *Ibid.*, p. 472.

« Dans ce temps-là l'on commença à faire des relations de ce qui se passait dans la nouvelle France : le Révérend Père Poncet ou quelque autre des Révérends Pères m'en envoioient une tous les ans, scachant que l'on y traitoit d'une matière qui étoit à mon goût.

» Cette lecture échauffoit son cœur et renouvelloit ses désirs. Et comme elle savoit que je soupirois après le bonheur de me sacrifier pour le salut des filles sauvages, elle me découvrit enfin les secrets de son âme[1]. »

Toutefois, malgré la vivacité de ces aspirations, la jeune professe ne s'imaginait pas qu'elles dussent se traduire un jour par l'exercice d'un apostolat dont personne alors n'avait l'idée. L'appel divin devait se préciser lorsqu'en 1639 Mme de la Peltrie, avide de réaliser son vœu de consacrer sa fortune et le reste de sa vie aux missions du Canada, vint, sur le conseil du P. Poncet qui, de longue date, connaissait les désirs de la Mère Marie de l'Incarnation, chercher, au monastère de Tours, des collaboratrices et demander des religieuses capables de commencer le « Séminaire » de Québec, pour l'instruction des filles sauvages de la mission de la Nouvelle France. La Mère Marie de Saint-Bernard (tel était en effet le nom de religion de Mlle de la Troche) devait être choisie comme compagne de Marie de l'Incarnation, et prendre à cette occasion le nom du saint Protecteur du Canada et de la mission nouvelle. Laissons le P. Martin, dans la vie de sa mère, nous retracer, à l'aide des relations de la vénérable Marie de l'Incarnation, ces « journées » qui sont tout un drame, simple et grand.

Marie de l'Incarnation, dans son autobiographie, rappelle sommairement l'histoire de ces trois jours consacrés au choix de sa compagne[2]; mais c'est surtout à l' « addition », c'est-

1. *Ibid.*, p. 476.

2. « Elle (Mme de la Peltrie) fut trois jours en nôtre maison pour faire tout ce qui estoit necessaire dans le choix de celle qui devoit passer avec moy. Apres l'oraison de quarante heures que l'on fit en cette

à-dire au développement complet de ce résumé qu'il faut emprunter le tableau de cette émulation pour le Canada dont tressaillit alors tout le monastère de Tours. Celle qui, en dépit de ses désirs si vifs, n'osait, pour sa grande jeunesse, espérer même l'honneur de s'offrir, devait triompher de haute lutte. Grâce à l'appui de saint Joseph, dont désormais elle portera le nom, Mlle de la Troche sera l'heureuse élue.

« Elles (les Religieuses de Tours) ne se contentoient pas de s'offrir à Mme de la Peltrie pour l'accompagner en son voyage, mais voyant qu'elle ne se déterminoit à rien, et apprenant que M. de Bernières[1], qui étoit au parloir, étoit son conseil, et que c'étoit lui qui régloit la plupart des affaires de cette mission, elles alloient à la file se jeter à ses pieds pour le prier de les agréer, et de les présenter à cette Dame. Il n'y avoit qu'une jeune sœur nommée Marie de Saint-Bernard, qui n'osoit se produire de crainte que sa trop grande jeunesse ne la fît juger incapable d'une vocation pour laquelle on ne peut avoir trop de maturité. Et cependant c'étoit

---

fin, je me sentis porter par un mouvement interieur, et par le conseil qu'une personne de vertu me donna, de demander la Mere Marie de Saint-Bernard, qui, depuis, fut nommée de Saint-Joseph. Il y eût bien de la résistance de la part de notre supérieure qui l'estimoit trop jeune, car elle n'était âgée que de vingt-deux ans et demi, mais Mme de la Pelterie, M. de Bernières et moy, persistions toujours à la demander. Enfin à l'exclusion de toutes celles qui pressoient avec beaucoup de ferveur, elle fut choisie, et l'on en donna aussi-tôt avis à Messieurs ses parents, qui à toute force y vouloient mettre opposition, mais quoy qu'ils fissent, Nôtre-Seigneur qui en avoit fait le choix en fut le maître. Il y eut bien d'autres circonstances remarquables dans ce chois, desquelles j'ay parlé ailleurs, et que je ne repete point icy. Elle me fut donc donnée pour compagne, et pour accomplir le vœu qu'elle en avait fait, supposé que Messieurs ses parens consentissent à son sacrifice, elle changea son nom de Saint-Bernard en celui de Saint-Joseph. » (*Vie*, p. 366, 2e p. ch. XVI. »

« La Mère de l'Incarnation dit icy qu'elle a parlé ailleurs des particularités de cette élection. Ce n'est point dans le corps de cet ouvrage qu'elle en parle, mais bien dans une Relation qu'elle a écrite de la vie de cette excellente fille, d'où j'ai tiré ce que je viens de dire... Mais comme j'ay dessein de donner un jour au public la Relation dont je viens de parler, je reviens à mon sujet. » (*Vie*, p. 372.)

1. Sur M. de Bernières, voir plus bas, p. 50, n. 1.

celle que Dieu avoit marquée de toute éternité du sceau de son élection.....

» Cette jeune Religieuse qui pourtant n'avoit rien de la jeunesse que le défaut des années, brûloit de zèle dans son silence, et le feu dont son cœur étoit embrasé opéroit davantage dans sa retenue... Et quoy que cette occasion l'eut excité dans son cœur, il n'y étoit pourtant pas nouveau... Elle en avoit eu même en pressentement bien particulier quelque temps auparavant dans une vision[1].

« Or, depuis cette vision, elle ressentit toujours un amour secret pour le salut des âmes, et surtout de celles des sauvages ses libérateurs. Cet amour se renouveloit tous les ans par la lecture qu'elle faisoit des Relations du Canada; quoy qu'elle n'eût pas la pensée que cela se pût jamais exécuter, elle ne laissoit pas de s'en entretenir dans les rencontres avec la Mère de l'Incarnation... Mais enfin, l'occasion présente rappela dans son esprit toutes les pensées et tous les mouvements qu'elle avoit eus sur ce sujet pour donner la maturité à sa vocation et ce fut alors qu'elle s'offrit à Dieu en perpétuel holocauste pour se consumer à son service dans la conversion Sauvages Elle n'osoit néanmoins se produire, et elle rodoit autour des parloirs sans y oser entrer comme les autres, demeurant toute pensive, comme une personne qui a quelque dessein, mais qui a de la peine à le découvrir et à l'exécuter. Lors qu'elle entretenoit ainsi ses pensées, la Mère de l'Incarnation, qui se sentoit desjà inspirée de la demander, et qui y étoit même excitée par un homme sage, qui étoit, comme je croy, le Directeur de cette Religieuse[2], la rencontra par hazard, et après avoir appris le sujet de son inquiétude elle releva le courage et la présenta elle-même à M. de Ber-

1. La relation racònte longuement cette vision. La jeune Ursuline s'y voyait dans une plaine immense, que des attraits de toute sorte rendait fort dangereuse à traverser, lorsque « les anges des sauvages, ayant pour « porte-enseigne », l'ange du Canada, se présentent à elle pour l'escorter et lui permettre de faire sans péril son voyage.

2. Probablement le feuillant D. Raymond de Saint-Bernard, voir plus bas, p. 39, n. 1.

nières, le priant de la bien examiner. Il le fit avec grande exactitude, et après qu'il eut reconnu la grâce et les talens de la personne et pénétré le fond et les circonstances de sa vocation, il trouva des dispositions qu'il n'avoit pas remarquées dans les autres et comme c'étoit un homme très spirituel qui, entre les grâces dont son âme étoit ornée, avoit particulièrement celle du discernement des esprits, il jugea aussitôt que c'étoit celle que Dieu avoit choisie pour concourir à ce grand dessein.

» Cette Religieuse se sentant extrêmement fortifiée par un succès si heureux, et croyant que M. de Bernières ne luy seroit pas contraire, alla généreusement trouver la Reverende Mère Françoise de Saint-Bernard pour la supplier de ne pas jeter les yeux sur une autre. Mais cette sage supérieure qui ne faisoit les choses qu'avec grande délibération, rejetta sa demande comme une légèreté d'esprit, et pour lui témoigner combien elle étoit éloignée de la lui accorder, elle lui commanda à l'heure même de prendre la chambre et l'office de celle qui sortoit[1]. La Mère de l'Incarnation ne laissoit pas de la demander avec instance, M. de Bernières déclaroit ses sentimens, et Mme de la Peltrie témoignoit son inclination. Mais enfin, les prières des quarante heures étant finies, il fallut s'assembler pour faire le choix dans les formes. Cependant cette fervente fille voyant bien qu'après le refus de la supérieure, il falloit s'adresser à celui qui est le Maître des vocations, et qui seul détermine le temps et les moyens de leur exécution, s'adressa à Dieu, le conjurant par tous les motifs les plus capabes de le fleschir, d'agréer l'offre qu'elle lui faisoit de ses services et de sa vie : et afin de lui gagner plus efficacement le cœur, elle prit pour intercesseur le glorieux Patriarche saint Joseph, faisant vœu, que s'il lui obtenoit une faveur si signalée, elle quitteroit son nom pour porter le sien en perpétuelle reconnoissance. A peine eut-elle

1. « Celle qui sortoit », était la Mère Marie de l'Incarnation, déjà désignée par le Canada et à qui l'on cherchait une compagne.

fait son vœu que saint Joseph présida visiblement à l'assemblée : car encore que la communauté fût composée de très excellens sujets, et zélez au point qu'on le vient de voir, quand néanmoins il fallut examiner chacune en particulier, il se trouvoit toûjours quelque difficulté qui empêchoit de conclurre en sa faveur, et toûjours il falloit revenir à cette généreuse Postulante. La supérieure même, quelque répugnance qu'elle eut à la donner, parce qu'elle l'aimoit tendrement à cause de ses excellentes qualitez, et que c'étoit un sujet rare qu'elle croioit devoir être un jour le soûtien de sa Maison, demeura sans paroles voyant de quelle manière Dieu avoit tourné les choses pour faire pancher le sort de son côté... pourveu toutesfois que ses parens y donnassent leur consentement.

» Elle étoit fille de M. de la Troche de la maison de Savonnière, très noble et très illustre dans l'Anjou, auquel on députa un exprès pour luy donner avis du chois que l'on avoit fait de sa fille pour être l'une des premières pierres du Monastère que l'on alloit fonder en Canada, qu'elle-même étoit résolue de s'exposer à cette entreprise, quelque difficile et périlleuse qu'elle parût, et qu'elle n'attendoit plus que son consentement et sa bénédiction pour y aller consumer[1] son sacrifice.

» Il ne se peut dire de quel étonnement M. et Mme de la Troche furent saisis apprenant une nouvelle si étrange, et après être revenus à eux, ils ne purent prendre d'autre résolution, sinon d'aller à Tours pour s'informer par eux-mêmes d'une chose qu'ils avoient de la peine à croire à cause de la nouveauté du fait, et d'en empêcher l'exécution si elle se trouvoit véritable. Les chevaux estoient desja au carrosse lors qu'un sage Religieux qui se trouva là par occasion, ayant appris le sujet d'un départ si précipité, leur représenta avec

1. Sur *consumer* et *consommer* dont les emplois se compénètrent dans la langue du XVIIe siècle, voir mes *Nouveaux Sermons inédits de Bourdaloue*, p. 77, 214 et 276.

des raisons si fortes qu'ils devoient estimer pour une bénédiction du Ciel toute particulière, que Dieu eût choisi leur fille à l'exclusion de tant d'autres pour un dessein si héroïque qu'il les arresta, et leur fit écrire des lettres d'acquiescement aux ordres de Dieu si chrétiennes et si touchantes qu'elles tireront des larmes de ceux qui en entendront la lecture : il n'y eut que leur généreuse fille, qui s'élevant au-dessus des sentimens de la nature, triomphoit de joye dans une réponse si favorable, et sans différer davantage, elle changea son nom de Saint-Bernard à celui de Saint-Joseph ainsi qu'elle l'avoit promis, et dès ce moment on l'appela la Mère Marie de Saint-Joseph. »

La compagne d'apostolat, désignée par la Providence, dont la mère Marie de l'Incarnation nous raconte l'élection avec un tel luxe de détails, lui devait être chère. Aussi l'on conçoit ces paroles, qui couronnent, pour ainsi dire, la série de quelques biographies des Ursulines les plus célèbres avec qui la Vénérable, en qualité de sous-maîtresse des Novices à Tours, eut le plus de rapports[1] :

« Mais celle à qui la Mère de l'Incarnation s'est le plus communiquée, et qui a le plus participé à son esprit est la Mère Marie de Saint-Bernard, autrement de Saint-Joseph, qui a été la fidèle compagne de ses travaux, et qui ne s'est séparée d'elle qu'à la mort[2]. »

On s'explique aussi comment cette compagne inséparable, témoin d'abord de la douloureuse séparation de la mère et du fils lors de l'entrée de Marie de l'Incarnation au couvent, puis des adieux du jeune Claude à cette mère deux fois perdue pour lui, en partance pour le nouveau monde, fut touchée d'une vive affection pour le jeune orphelin, laissé aux

1. C'est au chapitre VIII de la seconde partie de la *Vie de Marie de l'Incarnation*, sous le titre : « Abrégé de la vie de quelques religieuses de grande vertu qui suivirent les conseils de la Mère Marie de l'Incarnation et qui luy devinrent semblables en esprit et en grâce. » (p. 242.)

2. *Vie*, p. 298.

soins de la Providence. Dès lors et le ton et l'objet de la lettre que nous publions aujourd'hui s'éclairent, sans autres commentaires que de simples explications relatives aux personnes qui y sont nommées. Au reste, le texte en est limpide.

I

JESUS, MARIA, JOSEPH

« Mon très Cher frère,

« V[ot]re bonne Mere et la mienne, m'ayant permis d'escrire en sa lettre ce petit mot, je ne puis mieux le commenser qu'en vous congratulant de l'heureux chois que vous avez faict de la Ste religion, et en vous disant que j'en ay ressanti autant de consolation que si vous estiez mon propre frère. Je m'asseure que vous goutez desia combien Dieu est suave à ceux qui l'ayment, et q'un seul jour passé en sa Ste maison vaut mieux que mille en celles des pescheurs. Jouisez à la bonne heure, mon cher frere, de ce bon heur pendant que je bénis mille fois celuy qui vous la communiqué, et qui a pressé si doucement et efficassement v[ot]re cœur. C'est maintenant que vous avez subiect de chanter éternellement les miséricordes de n[ot]re Seigneur puisqu'il a faict eschoir v[ot]re lot et partage en si bon lieu. Que v[ot]re héritage est grand et qu'il est noble puisqu'il vous relève à la plus excellante dignité des enfentz de Dieu, et vous faict tenir touttes les choses de ce monde, comme boüe et fange, en comparayson de la riche pauvreté de J. C. que je prie et coniure de tout mon cœur bénir et perfectionner le bien et les graces qu'il a mis en vous, et qu'il vous donne la persévérance. Je la luy demende pour vous avec la mesme instance que mon salut. Mais au cas que les austeritez de la régle que vous avez embrascé surpasassent vos forces naturelles, et qu'elles vous contregnissent de retourner dans le ciecle, je vous prie et vous coniure, mon cher frere, de ne vous point adresser à d'autre que ma mere pour estre assisté en vos besoings, et pour vous faire trouver une condition. J'ay parole d'elle qu'elle vous servira de mere, et qu'elle auroit le mesme soing de vous que si vous estiez son enfant. Elle me le mende à cette flotte, pour respondre à la prière que je luy en fis l'anée passée, sur ce qu'on avoit mendé à v[ot]re bonne mère que personne n'avoit soing de vous; et au mesme temps elle se mist en deuoir de vous trouver une honneste condition au pres de Mgr l'evesque de Xinte mon oncle[1]. Peut estre que cet employ[2] ne vous eut pas tant mis dans l'esclat que celluy que vous offroit Madame la Duchesse d'Esguillon[3], mais neanmoins il eut esté pour le moins aussi avantageux pour v[ot]re salut. Mais Dieu vous vouloit luy mesme pourvoir d'une maniere bien plus exellante. Qu'il en soit à jamais béni des hommes et des anges. Je vous dis cecy affin que vous voyez le soin que sa Ste providance a de vous, et que pour une mere qu'il vous a ostée, il vous en a procuré plusieurs autres qui ont bien hérité l'affection qu'elle a pour vous. Mais je ne croy pas qu'aucune soit parvenue au degré de uertu qu'elle a. Je ne vous diray q'un mot qui est que je vous estime bien heureux d'estre filz d'une si Ste mere. Je ne doute nullement

---

1. L'évêque de Saintes, oncle maternel de Mlle de la Troche, était Jacques Raoul, sacré le 11 janvier 1632, mort en 1646. Il succédait lui-même à son oncle, Michel Raoul, sacré le 18 mars 1618, mort en 1632, il fonda le séminaire de La Rochelle (*Gams*, p. 624, col. I). Il fut quelque temps, en vertu de son titre d'évêque de La Rochelle, regardé comme l'ordinaire du Canada. Il était plein de vénération pour sa nièce, dont il avait été chargé d'étudier la vocation, lorsqu'au moment du départ, la famille fit de nouvelles difficultés que leva le P. Raymond de Saint-Bernard. (Voir *Vie*, p. 387-389 et *Lettres*, p. 491 et suiv.)

2. Le manuscrit porte : *cette* employ. Mais on est autorisé à corriger, ce féminin n'ayant sans doute pour raison d'être que le mot : *offre*, écrit d'abord, puis remplacé.

3. C'est peut-être l'office de secrétaire d'un familier de Richelieu que D. Raymond de Saint-Bernard annonçait au jeune homme au moment où celui-ci venait apprendre à l'ancien directeur de sa mère sa résolution d'entrer chez les Bénédictins. Voir *Vie du P. Martin*, p. 18-21 et plus bas, p. 39, n. 1.

que ce ne soit le tiltre le plus auantageux que le Ciel vous pouuoit donner en v[ot]re naisance, et qu'elle ne vous impetre mille graces et benedictions. Je vous en souhaitte autant qu'à moy mesme puisque je suis d'un ueritable cœur en Jésus,

« Mon cher frère,

« Vre très humble et obligée servante,

Sr Marie de St-Joseph.

« R^se^ U. I. »

Qu'on se reporte par la pensée aux scènes tristement touchantes qui troublèrent le monastère de Tours, au temps du noviciat de Marie de l'Incarnation. Nul ne les pouvait peindre avec une vivacité plus poignante que le principal intéressé. Ecoutons les récits du P. Martin. En dépit du style traînant et paisible, et malgré le ton de sérénité que devait inspirer à sa plume le contentement de sa vocation actuelle, ces souvenirs lointains reflètent l'amertume qui dut parfois monter à son cœur. L'impression qu'ont sans doute produite ces scènes sur la jeune novice de seize à quatorze ans qu'était alors la mère Marie de Saint-Joseph devait être ineffaçable.

« Voilà comment cette femme forte et généreuse décrit les assauts qu'elle recevoit. Et, en effet, il se peut dire combien elle fut combattue, ny en combien de manières sa constance fut agitée de la part de son fils.

» C'étoit dans le temps que l'on batissoit le monastère et comme à l'occasion des ouvriers les portes étoient souvent ouvertes il prenoit adroitement ce temps pour entrer dans les enclos réguliers afin de chercher sa mère. Tantôt se trouvoit dans le jardin avec des religieuses, tantôt il entroit dans les cours les plus intérieures de la maison. Et une fois il fit tant de tours, sans scavoir où il alloit, qu'il se trouva enfin dans une salle où toute la communauté étoit assemblée pour se mettre à table. Je laisse à penser quelles impressions la présence si inopinée d'un fils put faire en une mère dans une circonstance si extraordinaire. D'un côté, son cœur fut percé au vif par des sentiments d'amour et de pitié, et d'autre part elle se sentit couverte de confusion de se voir à charge à une communauté qui luy avoit tendu les bras avec une bonté si extraordinaire.

« Quand ce fils trouvoit le guichet de la communion ouvert, il se passoit quelquefois à demy pour entrer dans le Chœur, et quelquefois il y jettoit son manteau ou son chapeau qui, tombant à la veuë de sa mère, étoit un spectacle qui renouveloit toutes ses peines. Les Sœurs luy eussent pû dire ce que les freres de Joseph dirent à leur père Jacob : *Voyez si c'est là l'habit de votre fils.* On ne luy disoit pas ces paroles de crainte de l'affliger, mais la veuë qu'elle en avoit donnoit des atteinttes mortelles à son âme.

Elle avoit un beau-frere fort sçavant qui entre ses belles qualités avoit un talent particulier pour la Poësie françoise. Il composoit des vers lugubres sur le sujet de sa retraite, faisant parler ce fils auquel il faisoit faire des plaintes de la perte qu'il faisoit, de l'abandonnement auquel il étoit réduit, et des malheurs où il pouvoit tomber avec le temps; et tout cela en des termes si tendres et avec des affections si animées, qu'il eût fallu n'être pas de chair pour n'en être pas touché. Il donnoit ensuite ces écrits à cet enfant pour les présenter à sa mère, qui les lisoit extérieurement avec une constance inébranlable qui donnoit de l'admiration à ces bonnes Mères, mais qui n'empêchoit pas que son cœur reçût des coups très sensibles qui ne paroissoient qu'aux yeux de Dieu et des Anges.

» Mais ce qui toucha plus vivement cette âme généreuse et invincible, fut cette armée d'enfants... qui allerent assieger le Monastere. Le sujet de cette innocente conspiration fut que les autres le voïant privé de beaucoup de petites douceurs que les mères donnent à leurs enfants, et qu'ils avoient, en effet, à son exclusion, luy faisoient quelquefois des reproches, mais comme il étoit aimé de tous et qu'ils le virent un jour fort abattu de tristesse, ils en furent touchez de compassion autant que les enfants le peuvent être. Ils se mirent donc à le consoler, et pour le faire efficacement, ils luy dirent : Tu n'as point de cecy ny de cela, parce que tu n'as point de mere; mais viens, nous allons quérir la tienne, nous ferons du bruit, nous romprons les portes, nous te la ferons bien rendre. Il ne fallut point délibérer davantage. Ils allerent au Monastere, les uns armez de bâtons, les autres de pierres, les autres d'autres choses. Ce fut certes un spectacle bien nouveau de voir une armée d'enfans vouloir faire violence à une maison forte et bien fermée et entreprendre une chose qui surpassoit les forces de leur age, beaucoup de personnes qui passoient voyant une conspiration si aveugle et si vaine, s'arrêtoient pour s'informer de ce que c'étoit. Les uns en rioient comme d'un jeu d'enfans, les autres en avoient de la compassion, et se mettoient du côté des enfans, disant qu'ils avoient raison, que cette mere étoit cruelle et qu'elle ne meritoit pas le nom de mere de quitter un fils dans un âge si tendre et si foible. Au même temps que cette troupe d'enfans investit le Monastere, le cœur de cette forte mais pourtant tendre mère se trouva bien plus fortement assiégé : Car parmi cette confusion de cris, elle entendit distinctement la voix de son fils, comme une brebis innocente qui distingue entre mille celle de son agneau. Le bruit était grand, l'insulte, quoique vaine, causoit du trouble, mais la confusion n'empêchoit pas que ses paroles ne se distinguassent de toutes les autres pour luy aller frapper les oreilles et le cœur : « Rendez-moy ma mère, rendez-moy ma mere. » A ce coup il fallut que la force cédât pour un moment à la tendresse dont ce cœur invincible fut tout penetré, et à laquelle tout autre courage que le sien se fût laissé abbatre. Elle crut que c'en était fait... Jamais, dit-elle, je ne fus tant combattuë, je pensois qu'on me mettroit bien-tôt hors de la maison... Notre Seigneur me voulut enfin consoler en cette peine; car montant un jour les degrez de notre Noviciat, il me donna une certitude intérieure que je serois Religieuse en cette maison,... et d'autre part nôtre Reverende mère m'assura que ny elle ny aucune des sœurs n'avoit la pensée de me faire sortir. Ainsi cette bourrasque passa pour un peu de temps, mais ce fut pour commencer avec plus d'effort. Avant mon entrée dans le Monastere il n'y avoit rien de plus innocent que mon fils, mais toutes les choses qu'on luy dit, l'aigrirent et le changerent de telle sorte qu'il ne voulait plus étudier n'y faire autre chose. Il faisoit croire qu'il ne seroit jamais bon à rien [1]. »

Ajoutez à ces souvenirs ceux du départ de Paris et de la séparation totale avant l'embarquement à Dieppe et par suite la compassion affectueuse qu'éprouvait la jeune compagne de Marie de l'Incarnation à la pensée du jeune homme abandonné de tous; c'est assez pour expliquer sa joie de le savoir entré, selon le plus cher vœu de sa mère, dans un

---

1. *Vie*, livre second, ch. II. Addition, p. 185-188. Dans l'autobiographie plus abrégée qui constitue ce chapitre, elle raconte ainsi ces diverses scènes : « Dieu permit que j'eusse d'abord une bonne épreuve : une troupe de petits enfants, écoliers compagnons de mon fils, s'assembla autour de luy, et commença à le hüer et crier de ce qu'il avoit été si fol et si simple, que de me laisser entrer en religion, disant que maintenant il etoit sans père et sans mère, et qu'il seroit méprisé et abandonné : allons la quérir, lui disoient-ils ; allons faire beaucoup de bruit afin qu'on te la rende. Cela émut si fort cet enfant, qu'il pleuroit lamentablement. Ils vinrent donc en grand nombre à la porte du Monastere, où avec une grande confusion ils faisoient des bruits et des cris si étranges afin qu'on me rendit qu'ils se faisoient entendre de toutes parts. D'abord je ne sçavois ce que c'étoit, mais parmy ces voix confuses j'entendis celle de mon fils qui à hauts cris disoit : *Rendez-moi ma mere, rendez-moi ma mere...* Nos meres pleuroient de compassion d'entendre ces cris; il venoit à l'Eglise lors qu'on disoit la messe, et, passant la tête par la fenêtre de la grille de Communion : *Hé*, disait-il, *rendez-moy ma mere.* Il alloit au parloir et pressoit la Tourière de dire qu'on me rendît, ou qu'on le fit entrer avec moy. L'on m'envoyoit le voir, je l'apaisois et consolois en luy faisant quelques petits présens qu'on me donnoit à ce dessein. En s'en allant, et croyant que j'irois au dortoir, les Tourières de dehors remarquoient qu'il s'en alloit à reculons, les yeux fichez vers les fenêtres pour voir si j'y serois, parce qu'il m'y avoit veue une fois, et il faisoit cela jusqu'à ce qu'il eût perdu le Monastère de veuë. » (*Ibid.*, p. 181.)

ordre religieux[1]. Malgré tout son désir et son espoir de la persévérance du nouveau religieux dans sa vocation, en personne avisée et prudente, Marie de Saint-Joseph songe à l'hypothèse d'un retour dans le monde, et elle prend ses sûretés près de sa famille, qui ne lui peut rien refuser, pour que le fils de sa chère compagne ne soit point en ce cas sans protecteur Sa joie dut être profonde d'apprendre l'année suivante que ses précautions avaient été inutiles et que le jeune profès, fixé dans sa vocation, ne songeait qu'à bénir Dieu de sa part d'héritage. Peut-être eut-elle occasion de le féliciter encore, lorsque Marie de l'Incarnation écrivit, le 1er septembre 1643, la lettre dont nous avons parlé ailleurs[2]. Durant les dix ans qui lui restaient à continuer sa vie de dévouement et de souffrances, elle suivit sans doute avec intérêt la carrière du jeune religieux appelé dans son Ordre à des postes de confiance. Si elle lui écrivit de nouveau, les lettres seraient à joindre à cette épave de la correspondance perdue. Jamais Marie de l'Incarnation ne manque dans ses lettres à son fils de lui parler avec amour de sa chère collaboratrice[3].

Le P. Martin dut apprendre sa mort avec douleur, et lire avec admiration le récit de sa dernière et longue maladie, où elle déploya les plus héroïques vertus, au milieu d'incommodités de toute sorte, surtout après l'incendie du pauvre monastère de Québec en 1651, dans les embarras d'une installation précaire et restreinte[4].

Ces belles pages mériteraient d'être relues. Nous ne pouvons que renvoyer à la relation si complète et si touchante de la mère Marie de l'Incarnation et à ses lettres[5]. Le P. Mar-

1. Il avait essayé d'entrer chez les jésuites, et sa mère regretta fort qu'il n'y ait point été agréé. *Vie du P. Martin*, p. 14 à 16.

2. Voir *Etudes*, 5 juin 1906, p. 599 et plus bas, p. 28, note 2, et p. 49, note 1.

3. Voir *Lettres*, pp. 51, 124, 125, 158; et notamment celle qui fut écrite le 26 octobre 1653, p. 174.

4. Voir *Vie*, p. 557, 461, 595 et suiv.

5. Voir plus haut, p. 7, note 1, et *Lettre* 68e, p. 152.

tin, en les publiant, ne faisait que payer une dette qu'il fut sans doute heureux d'acquitter.

La vaillante missionnaire qui succombait, âgée de trente-cinq ans, à Québec, loin des siens, dans des douleurs intolérables, aggravées encore par les essais malheureux du chirurgien qui la soignait[1], ne regrettait pas son sacrifice. Ainsi qu'elle le faisait écrire à sa famille, *elle mourait joyeuse de son dénuement*[2]. Marie de l'Incarnation qui avait promis à M. et Mme de la Troche de ne se séparer jamais de leur fille, pouvait mander à une religieuse de Tours, la mère *Françoise* de Saint-Germain, la propre sœur de la défunte, que sa promesse avait été tenue. C'est dans ses bras que mourut, le 4 avril 1652, sa chère compagne, Marie de Saint-Joseph, embaumant tout le monastère du parfum de sa vie si méritoire[3]. Grâce à la mère de l'Incarnation, et au P. Martin qui nous a gardé ses écrits, nous avons conservé les traits de cette angélique figure. Le récit de ses vertus ouvrait dignement le livre d'or des Ursulines de Québec.

1. Pour soulager son hydropisie, on lui fit des incisions aux jambes où se mit la gangrène. *Vie*, p. 596; *Lettres*, p. 498.

2. « Ah! *me disoit-elle*, que je suis heureuse d'être dans un lieu pauvre, et d'y mourir dans le dénuement des délices et des commoditez de la France! Je vous prie de le faire sçavoir à M. de la Rochelle, à nos mères de Tours, et à mes parens » (*Lettres*, p. 497). L'évêque de La Rochelle était mort en 1646; il n'est pas vraisemblable que Marie de Saint-Joseph l'ignorât encore. La parole pourrait se rapporter à une autre période de la maladie qui dura plusieurs années.

3. Lettre à la Mère de Saint-Germain, 18 sept. 1652. Lettre 65e, p. 147-148. « Enfin, ma très chère mère, votre bonne sœur m'avoit été donnée pour compagne. J'avois promis à Monsieur votre Père, à Madame votre Mère de ne la point quitter, jusqu'à ce que la mort ou l'obéissance nous séparât, et que je la servirois de tout mon possible... J'ay tâché de garder fidèlement ma promesse... (p. 147). Voir aussi la lettre de 1663 à la sœur de la Mère Marie de Saint-Joseph, la mère de la Troche, morte Supérieure générale des religieuses du Calvaire, p. 263.

II

LA V. MÈRE MARIE DE L'INCARNATION ET SES LETTRES

On sait la part qu'ont prise à l'œuvre de la civilisation au Canada les Ursulines de Québec, conduites dans la nouvelle France par la V. Mère Marie de l'Incarnation. La place qui lui a été réservée dans les *Pageants* ou tableaux historiques, cette « partie la plus originale et la plus artistique des fêtes québecquoises [1] » en est le fidèle et reconnaissant commentaire.

Transcrivons ici le récit d'un témoin oculaire : « Le quatrième tableau est émouvant à tirer des larmes. C'est en l'année 1639. Le gouverneur Huault de Montmagny, à la tête d'une escouade de soldats et accompagné des deux cent cinquante habitants que comprend la colonie, vient au-devant des Ursulines, des sœurs hospitalières et des missionnaires à robe noire, qui sont depuis deux mois sur l'Océan. Les sept femmes délicates qui, selon le témoignage du P. Lejeune, sont « aussi fraîches qu'au moment de leur départ », débarquent au son du canon. Transportées de joie et oubliant les honneurs qu'on leur rend, elles se prosternent et baisent cette terre, qui a été si longtemps l'objet de leurs vœux; elles en prennent possession au nom de la charité. A la suite du pieux gouverneur, elles s'en vont à Notre-Dame-des-Victoires, la modeste église de la colonie, rendre grâces à Dieu de l'heureuse traversée qu'il leur a accordée. Chemin faisant, Mme de la Peltrie et Marie de l'Incarnation, la Thérèse de l'Amérique, embrassent les petites sauvagesses qu'elles rencontrent et leur apprennent à chanter des Noëls, premières syllabes de la vieille et immortelle chanson que les Anges annoncèrent sur la crèche de Bethléem, et qui, grâce en partie aux filles de la Mère Marie de l'Incarnation, n'allait

1. Voir *Etudes*, 5 octobre 1908, p. 33. *Les fêtes du troisième centenaire de la Fondation de Québec. Récit d'un témoin*, par le R. P. Michel Tamisier.

plus cesser de consoler la misère humaine dans ce coin de l'Amérique du Nord[1] ».

Mieux encore que des tableaux vivants, les lettres de la vaillante fondatrice disent les efforts déployés par les Ursulines dans ce pays de conquêtes laborieuses. J'ai dit comment ces pages brûlantes de zèle et touchantes de naïveté ont été trop infidèlement publiées par le premier éditeur, le fils même de la sainte veuve devenue Ursuline et missionnaire. Son souci de parer et de retoucher les textes qu'il livrait à l'impression rend plus précieuses les rares épaves dont l'autographe existe encore. Nous recueillons donc scrupuleusement les quelque douze lettres écrites par la Mère Marie de l'Incarnation ou ses premières compagnes dont l'original est conservé soit au monastère de Mons, soit à la Bibliothèque municipale de Troyes.

La succession des dates nous guidera dans la publication de ces lettres inédites ou jusqu'ici inexactement éditées. Mais avant d'aborder cette reproduction des trop rares autographes que nous avons pu rencontrer ou faire transcrire fidèlement sur l'original, il convient d'insister sur un détail intéressant relatif à la dévotion de la vénérable Ursuline au Sacré-Cœur de Jésus. Celui de ses derniers biographes qui a donné aussi une édition de ses lettres, l'abbé Richaudeau[2], a signalé avec soin, dans la préface de ces *Lettres*, la question de priorité qui se poserait, selon lui, sur cette question de la dévotion au Sacré-Cœur, que la Mère Marie de l'Incarnation aurait connue et pratiquée avant toute intervention du P. Eudes (c'est le point le plus contestable) et cinquante ans avant la Bienheureuse Marguerite-Marie.

Sans discuter ici cette thèse, il m'a paru bon de citer, en les accompagnant de quelques remarques, et le passage du dévot biographe, avec les références fournies par lui sur les

1. Michel Tamisier, l. c., p. 37.
2. Voir plus haut, p. 1, note 1.

quelles je donne dans une note une brève indication critique, et la lettre du 16 septembre 1661 adressée à son fils le P. Martin, où la Fondatrice des Ursulines de Québec décrit sa dévotion et les circonstances qui la lui ont fait adopter.

Voici d'abord l'affirmation de l'abbé Richaudeau :

« N'oublions pas de faire remarquer que les progrès accomplis d'une manière si étonnante et si continuelle par cette âme privilégiée ont un caractère qui lui est tellement propre, qu'il serait impossible de la signaler dans la vie d'aucun des saints qui ont honoré l'Eglise avant elle. Ce caractère est une dévotion pratique de tous les jours pendant les quarante dernières années de sa vie, au Sacré-Cœur de Jésus. Cette dévotion lui fut révélée cinquante ans avant de l'être à la bienheureuse Marguerite-Marie, et quinze ou dix-huit ans, avant que que le P. Eudes, plus jeune qu'elle de deux ans, eût rien écrit sur ce sujet[1].

Elle raconte cette révélation dans sa lettre CLIII, datée du 16 septembre 1661 (t. II, p. 195; éd. princeps,) et elle dit qu'il y avait alors *près de trente ans* que cela lui était arrivé. Elle avait donc reçu cette insigne faveur au commencement de sa vie religieuse, ou même pendant son noviciat qui avait commencé en 1631 et avait fini par sa profession le 25 janvier 1633.

Elle en parle souvent dans ses lettres, et toujours avec feu et ardeur. On peut le voir en lisant les pages 12, 19, 45, 50, 78, 108,112, 153, 168,195, 211, 225,236, 272,277, 358, 361. 381, 382, 392, 395, 413, 420, 421, 543 du tome premier; 6, 12, 13, 54, 86, 197, 198,199, 318, 383, 399,428, 431, 457, 474, 523, 539 du tome II[2]. Outre qu'elle en a pu parler plus d'une

1. Il faudrait prouver que le P. Eudes n'a jamais prêché avant d'avoir écrit, et n'a répandu sa dévotion que par son seul ouvrage.

2. Les pages citées ici répondent aux lettres du 20 mars 1635, à dom Raymond de S.-Bernard, 10 avril 1635, 19 mars 1637 (peu significatives), à Mme de la Peltrie, nov. 1638; du 3 septembre 1640, à une dame de qualité; 2 septembre 1641, à une de ses sœurs; 4 sept. 1641, à son fils; 2 sept. 1642, à Mlle de Chevreuse; 1er sept. 1643, à son fils; 7 août 1644, à une supérieure des Ursulines de Dijon; 26

fois dans ses formes de salutations, supprimées par Claude Martin[1]. » Deux des lettres inédites autorisent cette supposition.

Voici, sans le sommaire rédigé par le premier éditeur, la lettre CLII, à son fils, où est exposée cette dévotion.

MON TRÈS CHER FILS,

J'ai reçu avec une consolation toute particulière vos trois lettres, qui toutes m'ont appris que Notre-Seigneur vous a

août 1644, à son fils, « Le Père Eternel a fait voir à une personne, que si elle lui demandoit quelque chose par le cœur de son *Fils, il la lui accorderoit*; demandons donc des âmes par ce divin cœur... »; 9 sept. 1644, à la Mère Marie de l'Incarnation, supérieure des Ursulines de Saint-Denis : « Salut très humble dans le Sacré-Cœur de notre bon Jésus. »; 3 sept 1645, à une de ses sœurs; 3 oct. 1645, à son fils : « Le cœur sacré de *mon Jésus tient le milieu entre le vôtre et le mien... Je ne fais* qu'une seule affaire des vôtres et des miennes, ou pour mieux dire, je n'en fais qu'une seule hostie, pour être consumée dans le feu qui brûle sur ce divin autel »; 14 oct. 1645, à une de ses parentes; 7 oct. 1647, à une religieuse de la Visitation : « Les sacrées et amoureuses influences du Cœur de Jésus soient le lien indissoluble des nôtres »; 7 sept. 1648, à son fils; après le 18 oct. 1648, s. d., à une dame de ses amies : « Il faut aussi que vous aimiez les sacrifices. Mais sur quel autel les immolerez-vous? Prenez avec un très grand respect le cœur du Fils de Dieu, et après que vous l'aurez présenté à son Père, offrez sur ce divin et très sacré Cœur, comme sur un autel, toutes vos victimes qui sont vos intentions, vos affections, vos désirs, vos actions, vos âmes »; 11 oct. 1649, à une de ses sœurs; 22 oct. 1649, à son fils : 23 oct. au même; 13 août 1650, à une de ses sœurs; 26 sept. 1652, *id.*; de Québec, 1652, à son fils (sur sa nièce) : « Vous estes les deux personnes pour lesquelles mon esprit fait le plus souvent des voyages en France; mais plutôt dans le cœur de notre aimable Jésus... »; 30 août 1653, à une de ses sœurs; 13 août 1654, à une dame de ses amies; 23 oct. 1660, à une jeune religieuse Ursuline; 16 sept. 1661, à son fils (sur la dévotion au S.-C.; 3 sept. 1666, (clausule) à son fils; 15 sept. 1668, cl. à la mère de Saint-Germain; 20 oct. 1668, à sa nièce; 11 oct. 1669, à la mère Marie de *Sainte-Catherine*; à la mère Cécile de Saint-Joseph, s. d. après le 2 sept. 1670 (p. 457); 25 sept. 1670, à son fils; 9 nov. 1671, p. 523, au lieu de la dernière référence, p. 539, lisez 542; c'est la lettre inédite du 4 sept. 1641, écrite, le même jour que celle à son fils, à l'abbesse de Port-Royal.

1. ***LETTRES** de la Révérende Mère **MARIE DE L'INCARNATION** (née **MARIE GUYARD**) première supérieure du monastère des Ursulines de Québec.* Nouvelle édition augmentée de huit lettres inédites et annotée par l'abbé RICHAUDEAU, auteur de la Vie de la vénérable Mère Marie de l'Incarnation, etc. etc. 2 vol. in-8° de XIX-557 et 560 pages, t. I, p. IX.

rendu la santé. Je vous avoue que je craignois que ce mal ne vous emportât, et j'avois déjà fait mon sacrifice en dénuant mon cœur de ce qu'il aime le plus sur la terre, pour obéir à sa divine Majesté. Mais enfin vous voilà encore; soyez donc un digne ouvrier de sa gloire, et consumez-vous à son service. Pour cet effet, je suis tres aise que vous soyez hors de Compiègne, où les soins des affaires temporelles partageoient votre esprit. Servez-vous de ce repos comme d'un rafraichissement que le ciel vous présente pour faire de nouveaux amas de vertus et de bonnes œuvres, et pour employer toutes vos forces à la gloire de celuy pour qui nous vivons. Vous avez bien commencé, et j'ai pris plaisir à l'adresse avec laquelle vous avez saintement trompé Mgr d'Angers au sujet de la réforme de Saint-Aubin. Il faut quelquefois faire de semblables coups pour avancer les affaires de Dieu, qui a soin après cela d'essuyer les disgrâces qui en peuvent naître de la part des créatures. Vous en avez une preuve, puisque ce grand prélat vous aime et que son esprit n'en est pas plus altéré contre vous.

J'apprends encore que vous servez Dieu et le prochain par vos prédications. Vous m'avez beaucoup obligée de m'envoyer celle que vous avez faite des grandeurs de Jésus, et vous avez raison de dire qu'elle traite d'un sujet que j'aime. Je l'aime en effet, car tout ce qui parle des grandeurs de notre très adorable Jésus me plaît plus que je ne puis vous l'exprimer. Je vous laisse à penser si mon esprit n'est pas content quand je reçois quelque chose de semblable de mon fils, que j'ai toujours souhaité dans la voie de l'Evangile pour en pratiquer les maximes, et pour y annoncer les louanges et les grandeurs du sacré Verbe incarné. Vous n'aviez pas encore vu le jour que mon ambition pour vous étoit que vous fussiez serviteur de Jésus-Christ, et tout dévoué à ses divins conseils, aux dépens de votre vie et de la mienne. La pièce est belle et bien conçue en toutes ses circonstances, mais je crains que ces grandes pièces d'appareil ne vous peinent trop, et que ce ne soit en partie la cause de vos épuisemens. J'y remarque un grand travail, mais la douceur d'esprit s'y trouve jointe. Si j'étois comme ces saints qui entendoient prêcher de loin, je prendrois plaisir à vous entendre, mais je ne suis pas digne de cette grâce. Il est à croire que nous nous verrons plutôt en l'autre monde qu'en celui-ci. Dieu néanmoins a des voies qui nous sont inconnues, surtout dans un pays flottant et incertain comme celui-ci, où naturellement parlant, il n'y a pas plus d'assurance qu'aux feuilles des arbres quand elles sont agitées par le vent.

Vous me demandez quelques pratiques de mes de mes devotions particulieres. Si j'avois une chose à souhaiter en ce monde, ce seroit d'être auprès de vous afin de verser mon cœur dans le vôtre, mais notre bon Dieu a fait nos départements où il nous faut tenir. Vous savez bien que les dévotions extérieures me sont difficiles. Je vous dirai néanmoins avec simplicité que j'en ai une que Dieu m'a inspirée, de laquelle il me semble que je vous ai parlé dans mes écrits. C'est au suradorable Cœur du Verbe incarné : il y a plus de trente ans que je la pratique, et voici l'occasion qui me la fit embrasser.

Un soir que j'étois dans notre cellule, traitant avec le Père Eternel de la conversion des ames, et souhaitant avec un ardent désir que le royaume de Jésus-Christ fût accompli, il me sembloit que le Père Eternel ne m'écoutoit pas, et qu'il ne me regardoit pas de son œil de bénignité comme à l'ordinaire. Cela m'affligeoit, mais en ce moment j'entendis une voix intérieure qui me dit : Demande-moi par le Cœur de de mon Fils, c'est par lui que je t'exaucerai. Cette divine touche eut son effet, car tout mon intérieur se trouva dans une communication très intime avec cet adorable cœur, en sorte que je ne pouvois plus parler au Père Eternel que par lui. Cela m'arriva sur les huit à neuf heures du soir et depuis vers cette heure-là, c'est par cette pratique que j'achève mes dévotions du jour; et il ne me souvient point d'y avoir manqué, si ce n'est par impuissance de maladie, ou de n'avoir pas été libre dans mon action intérieure.

Voici à peu près comme je m'y comporte lorsque je suis libre en parlant au Père Eternel.

« C'est par le Cœur de mon Jésus, ma voie, ma vérité et ma vie, que je m'approche de vous, ô Père Eternel. Par ce divin Cœur je vous adore pour tous ceux qui ne vous adorent pas; je vous aime pour tous ceux qui ne vous aiment pas; je vous reconnois pour tous les aveugles volontaires qui par mépris ne vous reconnoissent pas. Je veux par ce divin Cœur satisfaire aux devoirs de tous les mortels. Je fais le tour du monde pour y chercher toutes les ames rachetées par le sang du sang très précieux de mon divin époux. Je veux vous satisfaire pour toutes par ce divin Cœur. Je les embrasse pour vous les présenter par lui, et par lui je vous demande leur conversic. ; voulez-vous souffrir qu'elles ne connoissent pas mon Jésus et qu'elles ne vivent pas pour lui qui est mort pour tous? Vous voyez, ô divin Père, qu'elles ne vivent pas encore. Ah! faites qu'elles vivent par ce divin Cœur. »

C'est icy que je parle de cette nouvelle Eglise, et que j'en représente à Dieu toutes les nécessités, puis j'ajoute « Sur cet adorable Cœur[1] je vous présente tous les ouvriers de l'Evangile; remplissez-les de votre Esprit saint par les mérites de ce divin Cœur. » Des ouvriers de l'Evangile, mon esprit passe aux Iroquois, nos ennemis, dont je demande la conversion avec toute l'instance qui m'est possible. Puis je parle de deux ames que vous connoissez[2] et je dis : « Su

1. Cette expression s'explique aisément lorsqu'on connaît la manièr dont la Vénérable parle du cœur de Jésus, comme d'un autel sur lequ elle offre des sacrifices. Il y a de nombreux exemples dans ses lettr de cette figure fréquemment employée par elle. Voir du reste plus hau p. 29 en note, lettre du 18 oct. 1648, et plus bas, p. 41, n. 2.

2. Il s'agit évidemment du fils et de la nièce de la vénérable Ursulin comme il est facile de le conclure de la lettre écrite en 1652, au suj de cette religieuse qui désirait la rejoindre au Canada. Voir plus haut, 29, note, et la lettre du 20 octobre 1668.

ce Sacré-Cœur comme sur un autel divin, je vous présente N. votre petit serviteur et N votre petite servante; je vous demande, au nom de mon divin époux que vous les remplissiez de son esprit, et qu'ils soient éternellement à vous sous les auspices de cet adorable Cœur ». Je fais encore mémoire de quelques personnes avec qui j'ai des liaisons spirituelles, et des bienfaiteurs de notre maison et de cette nouvelle Église. Je m'adresse ensuite au Sacré Verbe incarné et je lui dis : « Vous savez, mon bien-aimé, tout ce que je veux dire à votre Père par votre divin Cœur et par votre sainte âme; en le lui disant, je vous le dis, parce que vous êtes en votre Père et que votre Père est en vous. Faites donc que tout cela s'accomplisse, et joignez-vous à moi pour fléchir par votre Cœur, celui de votre Père. Faites, selon votre parole, que, comme vous êtes une même chose avec lui, toutes les âmes que je vous présente soient aussi une même chose avec lui et avec vous. Voilà l'exercice du Sacré-Cœur de Jésus. »

J'envisage ensuite ce que je dois au Verbe incarné, et pour luy en rendre mes actions de grâces, je lui dis : « Que vous rendrai-je, ô mon divin Epoux, pour les excès de vos grâces en mon endroit? C'est par votre divine Mère que je veux vous en rendre mes reconnoissances. Je vous offre donc son Sacré-Cœur, ce Cœur, dis-je, qui vous a tant aimé. Souffrez que je vous aime par ce même cœur, que je vous offre les sacrées mamelles qui vous ont allaité, et ce sein virginal que vous avez voulu sanctifier par votre demeure avant que de paroître dans le monde. Je vous l'offre en action de grâce de tous vos bienfaits sur moi, tant de grâce que de nature. Je vous l'offre pour l'amendement de ma vie, et pour la sanctification de mon âme et afin qu'il vous plaise me donner la persévérance finale dans votre grâce et dans votre saint amour. Je vous rends grâce, ô mon divin Epoux, de ce qu'il vous ait plu choisir cette très sainte Vierge pour votre Mère, de ce que vous lui ayez donné les grâces convenables à cette haute dignité, et enfin de ce qu'il vous ait plu nous la donner pour Mère. J'adore l'instant sacré de votre Incarnation dans son sein très pur, et tous les divins momens de votre vie passagère sur la terre. Je vous rends grâce de ce que vous vous soyez voulu faire, non seulement notre vie exemplaire par vos divines vertus, mais encore notre cause méritoire par tous vos travaux et par l'effusion de votre sang. Je ne veux ni vie ni mouvement que par votre vie. Purifiez donc ma vie impure et défectueuse par la pureté et perfection de votre vie divine, et par la vie sainte de votre divine Mère ».

Je dis ensuite ce que l'amour me fait dire à la très sainte Vierge, toujours néanmoins dans le même sens que ce que je viens de dire, et je ferme par là ma retraite du soir.

Dans les autres temps, mon cœur et mon esprit sont attachés à leur objet et suivent la pente que la grâce leur donne. Dans l'exercice même que je viens de rapporter, je suis le trait[1] de l'esprit, et ce n'est ici qu'une expression de l'intérieur. Car je ne puis faire de prières vocales qu'à la psalmodie, mon chapelet d'obligation m'étant même assez difficile.

Je porte au cou une petite chaîne de fer depuis vingt-trois ans, pour marque de mon engagement à la sainte Mère de Dieu; je n'y ai point d'autre pratique, sinon en la baisant, de m'offrir pour esclave[2] à cette divine Mère.

Accommodez-vous, je vous prie, mon très cher fils, à ma simplicité et excusez ma facilité. Je puis dire, comme saint Paul, que je fais une folie, mais je dirai aussi avec lui que c'est vous qui me contraignez de la faire. J'ai encore composé une oraison qu'un de mes amis m'a mise en latin, pour honorer la double beauté du Fils de Dieu dans ses deux natures divine et humaine. Voici comment elle est conçue :

1. Au sens de *traction* et attrait.

2. On sait quelles explosions de joie éclatèrent dans le camp janséniste lorsqu'en 1669, ils obtinrent la condamnation de la Confrérie du Saint-Esclavage de la Mère de Dieu et la proscription d'un Office de l'Immaculée-Conception.

« *Domine Jesu Christe, splendor paternae gloriae et figura substantiae eius, vota renovo illius servitutis qua me totam gemini pulchritudini tuae promisi reddituram ; omnemque gloriam quae hic haberi aut optari potest rejicio, praeter eam qua me vere ancillam tuam in aeternum profiteor. Amen, mi Jesu.*

Seigneur Jésus, splendeur de la gloire du Père, et figure de sa substance, je renouvelle le vœu de dépendance absolue dont j'ai promis l'hommage à votre double beauté; et je renonce à toute gloire qui puisse être possédée ou désirée ici-bas, hors celle de me proclamer votre véritable servante à jamais. Ainsi soit-il, mon Jésus. »

Ce qui m'a donné le mouvement à cette dévotion de la double beauté du sacré Verbe incarné, c'est qu'étant un jour à notre maison de Tours dans un transport extraordinaire, j'eus une vue de l'éminence et sublimité de cette double beauté des deux natures en Jésus-Christ. Dans ce transport je pris la plume, et écrivis des vœux conformes à ce que mon esprit patissoit. J'ai depuis perdu ce papier. Etant revenue à moy je me trouvai engagée d'une nouvelle manière à Jésus-Christ, quoique, quelque écrit que ce puisse être, ne puisse jamais dire ce qui se passe dans l'âme quand elle est unie dans son fond à ce divin objet. Dans ce seul mot : Figure de la substance du Père, l'esprit comprend des choses inexplicables; l'âme qui a de l'expérience dans les voies de l'esprit l'entend selon l'étendue de sa grâce; et dans ce renouvellement de vœux à cette double beauté, l'âme qui est une même chose avec son bien-aimé entend ce secret, comme elle entend celui de sa servitude envers lui.

Je vous ai autrefois parlé de la dévotion à saint François de Paule : car je crois que vous n'ignorez pas que ce fut notre bisaïeul qui fut envoyé par le roi Louis XI pour le demander au Pape et pour l'amener en France. J'en ai bien entendu parler à mon grand-père; et même ma tante, qui est morte lorsque j'avais quinze ans, avoit vu sa grand-mère, fille de ce bisaïeul, qui la menoit souvent au Plessis pour visiter ce saint homme, qui par une pieuse affection, faisoit le signe de la croix sur le visage de cette petite en la bénissant. C'est ce qui a toujours donné une grande dévotion à notre famille envers ce grand saint. Mon grand-père nous racontoit cela fort souvent, afin d'en perpétuer après lui la mémoire et la dévotion, comme il l'avoit reçue de son aïeul.

Voilà le récit d'une partie de mes dévotions que je vous fais avec la même simplicité que vous me l'avez demandé. Souvenez-vous de moi, dans les vôtres, car de mon côté je ne fais rien que vous n'y ayez votre part. »

***

La longueur de cette citation trouvera sans peine son excuse dans l'intérêt du tableau qu'elle nous présente de l'âme de la sainte fondatrice, et aussi dans les détails biographiques qu'elle nous offre soit sur son fils alors en pleine carrière le prédication, soit sur sa propre parenté, à propos de sa vénération pour saint François de Paule.

Il est temps d'arriver aux lettres publiées d'après l'original. La lettre copiée à la Bibliothèque Mazarine sur l'autographe décrit plus haut[1], n'est plus, à strictement parler, inédite, même sous sa forme authentique, ayant paru dans les *Etudes*[2] en regard du texte défiguré par le P. Martin, premier éditeur des lettres de sa mère.

Mais précisément à cause de cette particularité, il est inutile d'insister sur les divergences qui distinguent les deux textes et il nous suffit de reproduire, avec l'annotation qu'elle appelle, la leçon originale, à laquelle le P. Martin avait imposé tant de modifications malheureuses. La lettre comme nous l'avons vu par le *Post-scriptum,* daté lui aussi, de la Mère Marie de Saint-Joseph, est du 4 septembre 1641, ce qui n'a

1. Voir p. 4.
2. *Etudes*, 5 juin 1906, p. 581.

pas empêché le premier éditeur, la partageant en deux tronçons, de lui assigner deux dates 4 et 14 septembre. Ce n'est là qu'une des nombreuses libertés prises par lui dans son édition. En effet il y a découpé en deux lettres distinctes la longue missive de sa mère, pour en placer une partie dans les *Lettres spirituelles*, au prix de déplacements et transpositions regrettables [1], et une autre parmi les *Lettres historiques* qui forment la seconde partie de son volume. Quant aux omissions qu'il s'y est permises, elles seront ici soulignées, les mots ou phrases supprimés dans le texte du P. Martin étant imprimés en italique dans la transcription de l'autographe [2].

II [3]

JHS. MRA. JPH. [4]

L'amour et la vie de Jésus soient v[ot]re heritage.
Mon très cher et bien aimé filz.

1. Aussi un paragraphe s'y trouve-t-il répété deux fois et en des ermes légèrement différents.

2. La lettre figure en partie à la page 25 de la *Vie du P. Martin*, ar Dom Martene; mais en dépit de la promesse faite par le biographe, e recourir aux originaux, et sans doute parce que l'autographe, disait du reste de la collection et donné à Nicole par le destinataire, ne trouvait point à Tours, le texte en est absolument celui du recueil nprimé. M. l'abbé Chapot, au tome second de son *Histoire de la énérable Mère Marie de l'Incarnation*, publie également cette lettre, ais, lui aussi, sans en prévenir le lecteur, y a fait des retouches et on nombre de suppressions qui ne respectent pas toujours le sens de écrivain et trahissent la pensée. (Voir plus bas, p. 38, n. 1, un spécimen ces remaniements).

3. Ce chiffre se rapporte à la série de nos lettres inédites des premières sulines de Québec. Nous avons assigné le chiffre I au billet de la ère Marie de Saint-Joseph, bien qu'il ne soit qu'un simple *postiptum*, à cause de la nécessité de l'encadrer dans sa notice. En réalité faudrait chiffrer I la lettre de la V. Marie de l'Incarnation et II lle de la Mère Marie de Saint-Joseph.

4. Mazarine. ms. 2467, fol. 357 à 360. Nous conservons l'orthographe de riginal. La ponctuation seule est modifiée. La lettre authentique n'en rte guère d'autre que des virgules qui font l'office de points, à la fin s phrases. Dom Martin, dans cette première partie, (p. 30-33), a fait écéder la lettre du sommaire suivant. *Lettre XXe à son Fils.* « Elle luy

La v[o]tre m'a aporté une consolation si grande qu'il me seroit tres dificille de vous l'exprimer. J'ay esté toute cette année dans de grandes croix pour vous, mon esprit enuisagent les escueils ou vou[s] pouuiez tomber. En fin n[ot]re bon Dieu l'uy donna le calme dans la creance que son amoureuse et patternelle bonté ne perdoit point ce qu'on auoit abandonné pour son amour. La v[ot]re mi confirma, *mon tres cher filz,* et me fit voir ce que i'auois esperé pour vous et bien par dessus mes esperances[1], puisque sa bonté vous a plasé dans un ordre si St et que j'honore et estime grandement. J'auois souhaitté cette grace pour vous lors de la reforme de *St Julien et de Marmoutier*[2]; mais comme il faut que les vocations viennent du ciel, ie ne vous en dist mot, ne voulant pas mettre du mien en ce qui apartient à Dieu seul.

Vous auez esté abandonné de v[ot]re Mere et de vos parans. Cet abandon ne vous a-t-il pas esté vtille? Lors que je vous quitté n'ayent pas 12 ans, ie ne le fist qu'auec des conuülsions estranges qui n'estoient conneüe que de Dieu seul. Il failloit obeir a son diuin vouloir qui vouloit que les choses se passasent ainsi, me faisant esperer qu'il auroit soin de vous. Mon cœur s'afermi[t] pour surmonter ce qui auoit retardé mon antrée en la Ste Religion 10 ans antiers. Encore

---

témoigne sa joye de ce que Dieu l'avoit appellé à l'état Religieux, et l'exhorte à la perséverance : Son zele pour le martyre, et que la fidélité au service de Dieu est un martyre sans effusion de sang ».

1. M. l'abbé Chapot corrige et abrège, sans en avertir, le style de la Mère Marie de l'Incarnation, et le rajeunit à son tour. Ces phrases du début dispenseront d'une démonstration plus complète, et montreront la désinvolture avec laquelle on cite encore aujourd'hui les textes : « *Votre lettre* m'a apporté une consolation si grande qu'il me serait *impossible* de vous l'exprimer... dans de grandes croix à votre occasion; *mais enfin Dieu m'a donné le calme* dans *la croyance* que son amoureuse et paternelle bonté ne perdrait point *celui que j'avais* abandonné pour son amour. *Votre lettre* m'y a confirmé *en m'annonçant* ce que j'avais espéré pour vous, et bien *au delà* de toutes mes espérances... » (*Loc. cit.*, p. 7).

2. La tendance à généraliser ou à supprimer les noms propres, comme ici, pour les deux monastères de Tours, spécifiés dans le texte de la vénérable ursuline, se rencontre partout dans le texte du P. Martin. Il imprime ici : « lorsqu'on reforma les Monastères de Tours. »

falut il que la necessité de faire ce coup me fust signifiée par le R père dom Raymon[1] et par des voys que ie ne puis pas coucher sur ce papier, bien vous le diroije à l'oreille. Je prevoys l'abandon de nos parans qui m'a donné mille croix ioint a l'infirmité humaine qui me faisoit craindre v[ot]re perte.

Lors que ie passé par Paris il m'estoit facille de vous plasser. La Reine, Madame la duchesse Dayguillon et Madame la Contesse Brienne qui me firent l'honneur de me regarder de bon œil et qui m'ont encore honorée *de leurs commandemens* cette année par leur Lestres[2] ne m'eussent point refusé ce que ieusse desiré pour vous. Je remersie M^e la duchaisse daiguillon du bien qu'elle vous a voulu faire. Mais la pansée

1. Dom Raymond de Saint-Bernard, religieux Feuillant du monastère de Tours, succéda à Dom François de Saint-Bernard dans la direction de la future religieuse (*Vie*, p. 27, 39, 169, et 206.) Il mourut en 1662.

Il la dirigea douze ans : « Notre Seigneur ayant éloigné le Reverend Pere Dom Raymond qui avait esté mon Directeur l'espace de douze ans ». *Ibid.*, 2^r partie ch. VI, p. 215. Voir les lettres du 20 mars 1635 et suiv. p. 7-13 au moment où il croyait partir au Canada. Cf. *Vie*, 2e P. ch. XIII, p. 323-340. Le ch. XIV, p. 341, reprend à mots couverts et sans nommer personne l'histoire de cette déconvenue. Mais dom Raymond, demeuré malgré lui en France, ne cessa de correspondre avec son ancienne pénitente. Son nom se retrouvera plus bas dans la présente lettre en une partie supprimée par le P. Martin. Dom Raymond, qui avait été témoin des déchirements de sa pénitente lorsque l'appel de Dieu lui fit admettre cet abandon de son fils, si déconcertant pour la sagesse humaine, n'avait cessé de s'intéresser au jeune Claude. Il s'inquiéta, lorsque ses études furent achevées, de lui trouver un emploi, et le biographe du P. Martin, racontant l'entrée en religion de son héros, parle assez longuement d'une conversation où un éloge des Bénédictins de Saint-Maur fut l'occasion pour le futur novice de songer à ce genre de vie. Le directeur de Marie de l'Incarnation s'était occupé de placer le jeune homme et lui avait trouvé un emploi chez un secrétaire de Richelieu, au moment où Claude Martin lui vint faire part de sa résolution. Dès que son jeune protégé eut pris l'habit, il se hâta d'en informer sa mère, comme nous l'apprend le passage supprimé où nous rencontrerons son nom à la fin de cet autographe. (Cf. Dom Martène, *Vie du P Martin*, p. 18 et 21).

2. Voilà des lettres, malheureusement détruites sans doute par les incendies successifs du séminaire des Ursulines, qu'on eût été heureux de publier.

qui me vint pour lors fut que si vous estiez auancé dans le monde, v[ot]re ame seroit en danger de ce perdre. De plus les pansées qui m'auoient autre fois ocuppé l'esprit pour ne desirer que la pauurette d'esprit pour heritage pour vous et pour moy, me firent resoudre de vous laisser une seconde fois entre les mains de la mere de bonté, me comfiant que puisque i'alois donner ma vie pour le seruise de son *bien aimé* fils, elle prandroit soin de vous. Ne l'auiez vous pas ausy prise pour mere et pour espouse lors que vous entrate dans *sa Congrégation [le jour de la Purification]*[1] ? Vous ne pouuiez donc attandre d'elle q'un bien pareil a celuy que vous possedez. C'eut esté quelque chose que les auantages qui se sont presantez pour vous a paris, mes qui eussent estez infiniment *raualez* au desous de ceux que vous possedés maintenant. Ie crois et la v[ot]re me l'assure que vous ne les regrettez pas ni l'abaissement de naissance[2] dont vous me parlez qui net[3] nulement conciderable (je ne scais qui vous

1. Les mots mis entre [ ] : *le jour de la purification*, ont été surajoutés en interligne, mais de la même main de Marie de l'Incarnation. Tous ces détails ont paru trop précis à l'éditeur, qui les a remplacés par l'expression vague : *dans vos études*. En tous cas, ces mots permettent de conjecturer qu'il s'agit de la congrégation du collège de Rennes. C'est là, en effet, que par l'entremise du P. Dinet, recteur de ce collège, le jeune Claude fut placé pour commencer ses études. (*Vie*, p. 182.)

2. Notons cette expression : *abaissement de naissance*, avec sa traduction par euphémisme, dans le texte remanié : *les disgrâces de votre condition*, qui amène l'esprit sur une toute autre idée. Il y a peut-être ici une allusion à ce détail révélé sans doute après coup et récemment à D. Martin que la mère de Marie Guyard : « Jeanne Michelet, issue de la famille noble des Babou de la Bourdaisière... devait être déchue de sa noblesse par son union avec un simple artisan », (Richaudeau, p. 38), lorsqu'elle avait épousé Fleurant Guyard, maître boulanger, père de notre ursuline.

3. Il est d'autant plus intéressant de signaler cette orthographe constante de la Vénérable pour le mot *est*, écrit *et*, qu'elle contribue à fortifier une conjecture très vraisemblable du P. de Rochemonteix. Dans sa *Réponse* à M. l'abbé Auguste Gosselin, pour exprimer la phrase certainement inexacte d'une lettre de 1660, où l'on lit : « Le P. Lejeune *va* en France » (alors que ce Père a quitté le Canada le 30 octobre 1649), l'auteur se demande s'il ne faut pas lire *est* en France. Cette manière d'écrire, pour peu que la transcription ait été confiée à un copiste peu soucieux du sens, rendrait plausible la conjecture proposée. (Voir C. de Rochemon-

en a donné connoissance, ie n'eusse eu garde de vous en parler), ie ne vous ay iamais ésmé que dans la pauuretté de Jesus Chrit dans laquelle ie retrouue tous les tresors.

Il est certain, vous n'estiez pas au monde que ie les souhaittois pour vous : mon cœur en ress[en]toit des mouuemens si puissans que ie ne les puis exprimer. Vous estes donc maintenant dans la milice, mon tres cher fils. Au nom de Dieu faitte estat de la parole de J.-C. et pansez qu'il vous dit : Celuy qui met la main a la charüe et tourne le dos arriere net pas propre pour le Royaume des Cieux. Ce qu'il vous promet est bien plus grand que *les auantages* qu'on vous faisoit esperer, que vous deuez estimer boüe et fange pour vous acquerir Jesus Christ. V[ot]re glorieux Patriarche St Benoist vous en a donné un grand example. Imité le, au nom de Dieu, et que mon cœur ait cette consolation par la première flotte que mes veux offerts à sa diuine Magesté depuis 21 an sans intermision ayent estez receus au ciel. Je vous vois en de Stes resolutions, c'est ce qui me fait esperer que Dieu vous donnera la perseuerance. Il ne se passe iour que ie ne vous sacrifie a son amour sur le cœur de son bien aimé fils. Plaise a sa bonté que vous soyez un vray holocoste tout consommé [1] sur se diuin autel [2].

---

teix, *les Jésuites et la Nouvelle France*, t. II, p. 166, note 1. Paris, Letouzey, 1896, 3 vol. in-8), et *Réponse à un mémoire* intitulé : *Observations à propos du P. Le Jeune et de M. de Queylus, par M. l'abbé Gosselin, docteur ès lettres*, p. 14, note 3 (Versailles, 1897, in-8.)

1. Voir plus haut, p. 16, n. 1.

2. Le P. Martin, en imprimant *sur ce divin* autel, l'entend sans doute du Cœur de Jésus. (V. plus haut, p. 32, n. 1.) En tout cas, il a respecté ici le texte de la lettre de sa mère, bien que d'ordinaire dans les passages qui concernent la dévotion au Cœur de Jésus, il se montre assez timide et essaie, comme on l'a démontré, de donner le change. V. plus haut, p. 28. Sur l'attitude du P. Martin à cet égard, voir Richaudeau, t. I, p. IX : « Comme si les mots *dévotion au Cœur de Jésus* lui déplaisaient, il évite de les écrire (dans la *Vie*) quand l'occasion se présente, et il écrit à la place : *Dévotion au Verbe incarné*, et cela avec une intention arrêtée qui est évidente. Lorsque, quatre ans après, il publie les *Lettres*, il semble encore plus gêné. Des réclamations qu'on lui avait faites, et dont il parle à la première page de son *Avertissement* l'avaient intimidé... Il paraît s'appliquer à

Il est vray ce que vous dites, mon tres cher filz. I'ay trouué en Canada tout autrement que ian pansois, mais en un diuers sans que vous n'auez pansé. Les trauos mi sont dous et si facille[s] a porter que ij experimante ce que dit Nre S. mon ioug est dous et mon fardeau leger. Ie n'ay pas perdu mes peines dans le soin espineux[1] d'une langue estrangere qui met maintenant si facille que ie n'ay point de peines d'anseigner nos SS. Misteres a nos Neophites[2], dont[3] nous auons eu grand nombre cette année[4], plus de 50 Seminaristes, plus de 700 visites de sauvages *et sauvagesses* que nous auons tous assistés spirituellem[en]t et temporellem[en]t.

---

mettre dans l'ombre le plus qu'il peut les nombreux témoignages de dévotion au Cœur de Jésus qu'il est dans la nécessité de reproduire. » L'abbé Richaudeau fournit de nombreux exemples, tirés surtout des sommaires peu fidèles. Du moins avons-nous ici une preuve que tout n'est pas atténué. Notons qu'ici un gros trait transversal à la sanguine marque cette phrase. Aurait-elle déplu à Nicole?

1. Martin : « dans l'étude épineuse d'une langue... » L'épithète a été conservée ici, tandis que dans le même passage, reproduit dans la partie dont le P. Martin constitue une seconde lettre qu'il classe parmi les *Lettres historiques* (p. 346 des *Lettres*), on lit : *dans l' étude d' une langue barbare et étrangère, qui m' est à présent si facile..,*

2. « Il faut, écrit-elle, le 4 septembre 1640, que je lise et médite toute sorte de choses en sauvage. Nous faisons nos études en cette langue barbare, comme font ces jeunes enfants qui vont au collège pour apprendre le Latin. » (Lettre du 4 sept. 1640 à la Mère Marie Gillette Rolland, religieuse de la Visitation de Tours. (*Lettres*, p. 335; de Rochemonteix, t. I, p. 209, note 1.)

3. Dans la lettre « historique » (p. 346), le texte est ainsi modifié : Nos Néophites. Nous en avons eu un grand nombre cette année, sçavoir...

4. Le texte du P. Martin diverge ici à tel point qu'il faut le citer : « *Elle* m'est maintenant si facile que je n'ay *nulle peine* à enseigner nos saints mystères à nos Neophites que nous avons eu cette année en grand nombre, *sçavoir* plus de cinquante Seminaristes, et plus de sept cens visites de Sauvages *passagers*, que nous avons tous assistez spirituellement et *corporellement*. La joye que mon cœur reçoit dans *ce* saint employ essuye toutes les fatigues que *je puis avoir dans les rencontres, je vous en assure; ainsi n' ayez point d' inquiétude à mon occasion pour ce point là.* » Notez cette longue et gauche transition ajoutée par le P. Martin et tout entière de son cru. Le mot *passagers*, qui se rencontre dans les deux reproductions de ce passage, y remplace *et sauvagesses*. Ce nom aurait-il paru trop peu noble à l'éditeur ou aurait-il été mal lu par les copistes qui préparèrent l'impression de 1681?

La ioye que mon cœur ressans dans le St amploy *que Dieu me donne* esuye toutes les fatigues que ie peux prandre dans les ocasions ordinaires[1].

Je suplie n[ot]re R[de] Mere françoise de St Bernard[2] de

1. L'édition, à cet endroit de la lettre, telle que l'a imprimée le P. Martin, doit être publiée seule. Le passage parallèle qui appartient à la fin de la lettre et que l'éditeur a transporté ici pour être fidèle à son titre de *Lettres spirituelles*, ne pourrait être imprimé en regard sans bouleverser l'ordre de l'autographe que nous devons avant tout respecter. *Je voy que vous n'en avez point, mais au contraire j'ay* une consolation tres-sensible du bon souhait que vous faites pour moy, *sçavoir du* martyre. Hélas, mon tres-cher Fils, mes pechez me priveront de ce *grand* bien : je n'ay *rien* fait jusques-icy qui soit capable d'avoir gagné le cœur de Dieu, *et de l'obliger à me faire cét honneur* [...] Il faut avoir beaucoup travaillé pour être trouvé digne de répandre son sang pour Jesus-Christ : *Aussi n'osai-je* porter mes prétentions si haut, mais je laisse faire [...] sa bonté immense, qui m'a toûjours prévenuë de tant de faveurs, que si sans *mes* mérites elle me veut encore faire celle où je n'ose pretendre, je la supplie *de me la faire*. Je me donne à elle, je vous y donne aussi, et la prie que pour une benediction que vous me demandez elle vous comble de celles qu'elle a départies à tant de valeureux soldats qui luy ont gardé une fidélité inviolable. Si l'on me venoit dire, vôtre Fils est martyr, je *croy* que *je* mourrois de joye. Laissons faire ce Dieu plein d'amour, il a ses temps, *et il fera de vous ce qu'il a déterminé d'en faire de toute éternité*. Soyez-lui fidele, et *assurez-vous* qu'il vous trouvera *les* occasions de vous faire *un* grand Saint *et un grand Martyr*, si vous obeïssez à ses divins mouvemens, si vous vous plaisez *à* mourir à vous-même, *et si vous vous efforcez à* suivre l'exemple que tant de grands Saints de vôtre Ordre vous ont donné. Si Nôtre Seigneur vous fait la grace de faire Profession, je vous prie de m'en donner avis, et aussi *de quelle maniere il* vous a appellé, et quels moïens vous avez pris pour exécuter *vôtre dessein*. Enfin faites moy part de vos biens, qui, comme vous pouvez juger m'*apportent* une consolation tres grande. Priez bien Dieu pour moy; je vous visite en luy plusieurs fois le jour, et sans cesse je parle de vous à Jesus, à Marie et à Joseph. [...] Adieu mon tres-cher Fils, je ne me lasserois point de vous entretenir [...] *Mais enfin il faut finir et vous dire adieu pour cette année*.— Cette addition, destinée à faire croire à une fin de lettre réelle, est encore de l'éditeur.

De Québec le 4 septembre 1641.

2. La mère Françoise de Saint-Bernard, la Supérieure de Tours qui reçut au noviciat la vénérable postulante, la connaissait et était liée avec elle d'une étroite amitié dès avant son élection au Supériorat. Comme elle était sous-prieure en l'année 1624, lors de l'entrée au pensionnat de la Mère de Saint-Joseph (voir plus haut, p. 11) la mère Marie de l'Incarnation l'avait toujours connue en charge. C'est probablement à elle que succéda la Mère Marie de la Nativité; une des « disciples de notre héroïne, élue

vous envoyer une copie du recit que je luy fais du progres de n[ôt]re seminaire[1].

Pour tout le christianisme[2] voila 3 nations qui veullent se

supérieure de Tours le 18 décembre 1645. (*Vie*, p. 257) ». La Mère Françoise de Saint-Bernard était supérieure des Ursulines de Tours depuis l'année 1630 : « Elle (Marie de l'Incarnation) fut obligée de rendre visite à la Mère Françoise de Saint-Bernard, alors Supérieure des Ursulines, et cette visite ayant été suivie de beaucoup d'autres, elles formerent entre elles une amitié sainte. » (*Vie*, p. 67, p. 167). On voit même par ce chapitre, un peu confus que leurs rapports sont antérieurs à l'élection de la Mère de Saint-Bernard. En tout cas, elle était déjà supérieure lorsque Marie de l'Incarnation entra dans sa maison. A la suite du passage cité plus bas (p. 51, n. 1.) sur sa douloureuse séparation d'avec son fils, on lit : « Le Reverend Pere Dom Raymond me donna à la Reverende Mère de Saint-Bernard, qui me reçut, et toute sa communauté avec une charité admirable. » (*Vie*, p. 170) Elle mourut en 1668. Entré au Noviciat de Vendôme, qu'il habitait en 1641, le P. Martin, demeuré cher toujours aux anciennes compagnes de sa mère, ne pouvait les visiter, mais recevoir à distance communication des « relations » écrites par sa mère à son ancien couvent de Tours.

1. La lettre dans l'édition est précédée de ce sommaire. — Lettre XXIe à son fils. — Elle parle « du progrès de la foy dans le Canada, du zele des Reverends Pères Iesuites » à la dilater, et de l'assiduité avec laquelle elle et ses religieuses étudient les langues pour en enseigner les mystères (p. 346-348). *Mon très cher Fils. Je prie la* Reverende Mere *Superieure de nôtre Maison de Tours de vous faire part de la Relation que je lui écris de ce qui s'est passé cette année de plus remarquable en cette nouvelle Eglise, ce qui fait que je vous en parle ici fort legerement.* Cet *en-tête* est également pour donner l'illusion d'un début. On voit dans l'autographe comment la phrase qui précède est au contraire soudée au reste de la lettre. Signalons aussi la longue paraphrase des mots : *Vous envoyer le récit que je luis fais du progrès de notre séminaire.*

2. Avant cette phrase le P. Martin insère le paragraphe ci-dessous : « Les travaux m'y sont *si* doux *que je n'ose les appeler travaux;* et si faciles à *supporter* que j'expérimente ce que dit nôtre Seigneur : mon joug est doux et mon fardeau léger. Je n'ay pas perdu mes peines dans *l'étude* d'une langue *barbare et* étrangère qui m'est *à présent* si facile que je n'ay *nulle* peine à enseigner nos saints mysteres à nos Neophites. Nous *en* avons eu *un* grand nombre cette année, *sçavoir* plus de cinquante Seminaristes *et* plus de sept cens visites de Sauvages *passagers* que nous avons tous assistez spirituellement et *corporellement.*— Nous avons rencontré plus haut (p. 42) ce passage, légèrement modifié, dans la première partie de la lettre. La redite est flagrante. Est-ce pour la dissimuler ou par un pur accident d'impression que cette seconde partie de la lettre est datée par le premier éditeur, non plus du 4 septembre, mais du 14? L'abbé Richaudeau qui met bout à bout les deux lettres XXXIX et XL dans son édition, ne semble pas, à cause de cette divergence, avoir soupçonné qu'il avait affaire à une seule lettre. Les passages reproduits deux fois auraient dû cependant le mettre en défiance.

venir randre sedantaire à Sillery[1]. Leurs filles seront pour le seminaire. Tous les chrestiens font tres bien. Un Montagnes[2] nouveau chrestien a fait l'office d'apostre en sa nation et a esbranlé auec le R pere Le Jeune[3] les 3 nations dont je vous parle. Des lestres qu'on [t] escrit 2 de nos séminaristes audit R Pere lors qu'il catechisoit lesdites nations ont tiré tous ces bons catecumaines en admiration et leur a donné enuie de nous donner leur[s] filles, puisqu'elles peuuent paruenir à ce que font les filles françoise tant au chemain du salut que pour les siances[4] d'ou il sembloit que leur miserable condition destre née dans la barbarie les vouloit exclure; tous nos nouueaux chrestiens ont eu fort à souffrir pour la tiranie des Hyroquois qui leur ont liuré la guerre côme à nos françois.

Mr n[ot]re Gouuerneur les a chassé dans un combat qui

1. Saint-Joseph de Sillery, ainsi nommé en souvenir du fondateur, le commandeur de Sillery, est à quatre milles de Québec. Le P. Le Jeune y fonda en 1637 la résidence des Pères Jésuites. En 1641, les registres de paroisse y accusaient trente familles algonquines. Voir C. de Rochemonteix, *op. cit.*, t. I, p. 248, et, aux pièces justificatives, p. 466-472. — Sur Noël Brûlard de Sillery, (voir *ibid.*, p. 246-248); et sur la réduction de Sillery, où les « pauvres Sauvages... commencent à se rendre sédentaires... », la lettre de la Vénérable du 3 septembre 1640, p. 322 des *Lettres*, citée *ibid.*; p. 249.

2. Il s'agit probablement du capitaine de la nation des Montagnais, baptisé sous le nom de Charles de Tadoussac dont parle la lettre du 24 août 1648 (p. 344) qui a « plus fait par ses sermons que cent Prédicateurs n'auroient fait en plusieurs années ». (*Lettres*, p. 344. Cf. de Rochemonteix, t. I, p. 255).

3. Le P. Paul Le Jeune, né à Châlons-sur-Marne en juillet 1591, converti du calvinisme dès l'an 1608, entré en religion le 22 septembre 1613, était supérieur général du Canada depuis 1632; il s'était embarqué le 18 avril à Honfleur. Sauf un voyage fait en 1642 (de Rochemonteix, t. II, p. 470), il y travailla jusqu'au mois d'octobre 1649, où rentré en France, il exerça les fonctions de procureur de la mission. Il mourut à Paris, le 7 août 1664. Voir Sommervogel, t. IV, col. 1694-1699; de Rochemonteix, t. I, p. 183-193. Voir son *Cursus vitæ* complet et plus exact que dans Sommervogel, *ibid.*, p. 190.

4. La phrase répond explicitement à l'insinuation tant de fois répétée, que les Jésuites ne songeaient qu'à l'instruction religieuse, sans autre enseignement. (Voir Sulte, *Histoire des Canadiens français*, t. III, p. 71, et la réfutation dans C. de Rochemonteix, t. I, p. 210, note.)

leur a liuré pour sauuer nos bons neophites. La relation vous le dira. Les R peres de la Compagnie qui sont aux Hurons ont eu des fatigues incroyables dans leurs missions cet hyuer, les froids et les neges ayent esté extraordinairement exesifs. Adioutez a cela la barbarie de cette nation qui les a fait souffrir excesiuem[en]t. Le R pere Chaumonnot[1] que vous connoissez a ressenty leurs coups. Cet un apostre qui est raui d'estre trouué digne de souffrir pour J. C. Il a quasi apris miraculeusement la langue huronne et a fait des merueilles dans une nation ou luy et le R pere Brebeuf[2] ont jetté les premières semances de l'Euangille. Les R[ds] peres Garnier[3] et Pijar[4] ont pansez estre tuez. N[otre] Seigneur

1. Le P. Joseph-Marie Chaumonot, né le 9 mars 1611, et après de curieuses aventures, entré dans la Compagnie de Jésus à Rome, le 18 mai 1622, était de Châtillon-sur-Seine. Arrivé au Canada au mois d'août 1639, il fut appliqué à la rude mission des Hurons; il travailla jusqu'à sa mort, arrivée à Québec le 21 février 1693. Voir Sommervogel, t. II, col. 1100 et 1101, de Rochemonteix, t. I, p. 399-409; sur sa facilité pour les langues, voir la page 402. Comment et quand le P. Martin le connut-il, selon que l'indique la phrase de l'autographe, supprimée dans l'édition? Sans doute, compagnon du P. Poncet, il dut, avant son embarquement, se rencontrer avec la Mère Marie de l'Incarnation et voir ainsi son fils.

2. Le P. Jean de Brebeuf, martyrisé par les Iroquois, le 16 mars 1649, était né à Condé-sur-Vire, au diocèse de Bayeux, le 25 mars 1593. Son intrépidité l'a rendu célèbre. Il était au Canada depuis l'année 1625, sauf le retour de 1629 à 1633. Voir Sommervogel, t. II, p. 76-85 et 464-465.

3. Le P. Charles Garnier, l'« agneau » des missions huronnes, dont le P. de Brébeuf fut le « lion », était né à Paris au mois de mai 1605. Entré au noviciat en 1624, et, après sa théologie, destiné à la mission du Canada il arrivait à Québec le 11 juin 1636. Profès le 30 août 1648, il tomba sous les coups des Iroquois le 7 décembre 1649. Voir Sommervogel, t. III, col. 1227-1228; de Rochemonteix, t. I, p. 409-413; t. II, p. 97-100; et la lettre sur le martyre des PP. Brébeuf et Lalemant, p. 464. Le P. Garnier était depuis longtemps en correspondance avec la Mère Marie de l'Incarnation. Dans une lettre d'elle, sans date, mais antérieure à 1639 et écrite à Tours, on lit : « Le Père Garnier m'écrit du même lieu (chez les Hurons) sur une écorce d'arbre aussi blanche et polie que le velin. Il me dit que les souhaits que je fais pour luy, sçavoir qu'il soit assommé pour Jesus-Christ, eussent peut-être été accomplis, si ses malices ne les eussent empêchez. Si tout le monde avoit autant d'envie que j'allasse en ces païs que luy mes affaires seroient bien avancées. » (Lettre III des *Lettres historiques*, p. 310.)

4. Le P. Pierre Pijart, né aussi à Paris (17 mai 1608), entré en

les a gardez miraculeusem[en]t. Le R^{d} pere Poncet[1] a eschapé les mains des Yroquois qui estoient escartez lors que son canot passoit vite conduit par des Hurons qui craignoient la mort que ce grand seruiteur de Dieu souhaittoit ardammant.

Il est demeurant aux 3 Riuieres[2]. Il assiste les Algonquins auec le zelle que vous pouuez iuger. Il est sauant en la langue algonquine. C'est aussy celle que ietudie qui me sert aux Algonquines et Montagnaises côme estant des nations adiasantes. La Mere Marie de St Joseph[3] etudie la langue huronne. (Nous auons aussy des filles de ce pays, elle y reusit fort bien.) Nous auons néanmoins plus affaire d'algonquin; c'est pourquoy toutes s'y apliquent. L'on a decouuert vers les costes du nort des nations en nombres qui parlent cette langue : ont les instruit, tous veullent croire. L'on croit qu'il y pourra auoir quelques martïrs dans les grandes cources

1629, débarquait à Québec le 10 juillet 1635 (de Rochemonteix, t. I, p. 409). Un autre jésuite du même nom, parisien comme lui, Claude Pijart, né le 10 septembre 1600, entré en 1621 au novicat et envoyé au Canada en 1637, mourut à Québec le 18 novembre 1680. Cf. Sommervogel, t. VI, col. 748 de Rochemonteix, t. I, p. 419. Il s'agit ici du premier, qui missionnait avec le P. Garnier, son supérieur.

1. Le P. Poncet de la Rivière, très mêlé à l'histoire de la vénérable Marie de l'Incarnation dont il eut à négocier le départ pour le Canada, et qui vient à Tours avec Mme de la Peltrie et M. de Bernières, avait été professeur du P. Martin. Né à Paris, le 7 mai 1610, entré au noviciat le 30 juillet 1629, il partit pour le Canada dix ans après, le 10 mai 1639, ayant fait sa théologie à Rome de 1635 à 1638. Après avoir été mutilé par les Iroquois, il revint en France en 1657, y prêcha, fut pénitencier à Lorette, et, en 1667, repartit comme missionnaire à la Martinique, où il mourut le 18 juin 1675. (Voir Sommervogel, t. VII, col. 991; de Rochemonteix, t. I, p. 301-303; t. II, p. 137 et 154.)

2. Trois-Rivières, le plus ancien poste de la Nouvelle-France après Québec, avec son église de l'Immaculée-Conception et sa résidence fondée en 1634 par le P. Le Jeune, était un poste important sur le Saint-Laurent. Le P. Buteux y avait fondé, en 1640, une réduction sur le modèle de Sillery. Voir de Rochemonteix, t. I, p. 251; t. II, p. 158.

3. La Mère Marie de Saint-Joseph est la signataire du billet inédit qui suit la lettre de la mère Marie de l'Incarnation et qui a été publié plus haut, p. 18.

qu'il faut faire, ou le Diable enragé de ce que Jesus-Christ luy rauit l'ampire qui luy auoit osé usurper il y a tant d'années suscite toutiours quelques meschans pour nuire aux ouuriers de l'Evangille[1]. *Je souhaitte que que vous voyez la Relation*[2]. *Je tacheray qu'on vous en enuoye vne lorsqu'elle sera imprimée.* Je suis en une consolation tres sansible du bon souhait que vous faite pour moy (Cet le martire). Helas, mon tres cher fils, mes pechez me priueront de ce bien Ie n'ay rin[3] fait iusque icy qui soit capable d'auoir gaingné le cœur de Dieu, car pansé vous il faut auoir beaucoup trauaillé pour estre trouuée digne de respandre son sang pour Jesus Christ. Ie n'ose porter mes prétansions si haut : ie laisse faire a sa bonté immance qui m'a tousiours preuenue de tant de faueurs, que si sans mes merites, elle me veut encore faire celle ou ie n'ose pretandre, je la suplie qu'elle le fase. Ie me donne à elle, ie vous y donne aussy et la suplie pour une benediction que vous me demandez qu'elle vous comble de celles qu'elle a departie a tant de valeureux soldats qui luy ont gardé une fidélité inuiolable. Si on me

1. Il faut citer ici l'édition de 1681, à cause des déplacements qui la suivent et de la finale qu'elle ajoute : « On croit qu'il pourra y avoir quelques Martyrs dans les grandes courses qu'il faut faire *dans diverses nations*, où le Diable enragé de ce que Jésus-Christ lui ravit l'Empire qu'il avoit *osé lui* usurper *depuis* tant de *siecles*, suscite toujours quelques méchans pour *persecuter* les ouvriers de l'Evangile... *Pour nous, nous sommes ici, grâce à nôtre Seigneur, en assurance pour le present.* La Mere Marie de saint Joseph *ma chere compagne* à qui Dieu fait *de grandes* graces et donne *beaucoup de* talens pour lui gagner des ames, *vous salue. Priez* pour elle et pour moy qui suis (...) *De Québec le* 14 *Septembre* 1641. » La phrase, modifiée du reste, qui clôt ici la lettre, se trouve beaucoup plus loin dans l'autographe, à cause des transpositions opérées par l'éditeur de 1681. On a vu plus haut, p. 44, note 1, l'usage que le P. Martin a fait de cette phrase transposée dans son édition en tête de la prétendue seconde lettre.

2. Ici nouvelle marque à la sanguine. Est-ce à cause de la *Relation* qui attirait l'attention de Nicole?

3. L'*Autographe* porte ici *rin*. Cette manière d'écrire ne semble pas purement fortuite, témoin les traces restées dans le patois de nombreuses régions. Voir au Dictionnaire de Littré, l'étymologie : *rem*, avec les diverses variations, notamment *rin*, en patois du Berri.

venoit dire v[ot]re fils est martir, je pance que i'an mourrois de joie [1]. Laissons le faire, il a ses tems, ce Dieu plain d'amour. Soyez luy fidelle et vous assurez qu'il vous trouuera les ocasions de vous faire grand St si vous obeisez à ses diuins mouuemens, si vous vous plaisez de mourir a vous mesme et de suivre l'example que tant de grands SSs de v[ot]re Ordre vous donne[nt]. *Si n[ot]re Seigneur vous fait la grace d'estre profés* [2] *ie vous suplie de m'an donner auis, et aussy côme sa bonté vous a appellée et quelz moyens vous auez pris pour l'executer.*

En fin, *mon tres cher filz,* faite moy part de vos biens, qui come vous pouuez iuger, m'aporteront une consolation tres grande. *Je croy que le Rd Pere Superieur*[3] *vous le permettra. Je me donne l'honneur de luy escrire et de le remersier de l'honneur de son affection et ses soins pour vous.* Et priez bien Dieu pour moy. Je vous visite plusieurs fois le iour; je parle de vous sans sesse a Jesus, Marie et Joseph [4]; *possible que passera une de nos Meres de Tours cette premiere*

1. Ce passage est commenté par cette lettre de la vénérable, écrite le 1er septembre de l'année 1643 (Cf. p. 24[2]), après que son fils lui a donné nouvelle de sa profession faite le 3 février 1642 : « Vous dites que vous désirerez dire un jour la Messe dans les terres des Infidèles. Si Dieu vous faisoit cet honneur j'en aurois la joye que vous pouvez juger. O que je serois heureuse si un jour on me venoit dire que mon Fils fût une victime immolée à Dieu ! Jamais sainte Simphorose ne fut si contente que je le serois. Voilà jusqu'où je vous aime, que vous soyez digne de répandre votre sang pour Jésus-Christ. » (*Lettres,* éd. de 1681, p. 41).

2. Dom Martin fit profession le 3 février 1642, âgé de vingt-trois ans. (*Vie du P. Martin,* p. 36.) Le P. Le Jeune, au retour de son voyage de 1642, remit à la Vénérable des lettres de sa sœur et lui donna des nouvelles des siens. Voir *Lettres,* p. 37 : « Le P. Lejeune, qui m'a assuré vous avoir rendu visite. » (Lettre à sa sœur, p. 37. Cf. la lettre à son fils, 1er septembre 1643, p. 39 à 45).

3. Le supérieur général de la congrégation de Saint-Maur, auquel Claude Martin s'était adressé directement pour son entrée, était Dom Grégoire Tarisse. (*Vie du P. Martin,* p. 19). Le Père maître du noviciat de Vendôme était Dom Paul Rivery. (*Ibid.,* p. 28).

4. Ici encore une barre à la sanguine. Marie et Joseph placés sur le même rang que Jésus, c'est peut-être l'expression notée par Nicole.

flotte pour vous venir trouver. Cela net pas encore tout assuré l'affaire despandant de quelque sirconstances qui ne pouront estre vidée quand France; ce sera la Mere Le Coq dite de St Joseph que vous avez veue ma maittraise de novice, Cet une grande seruante de Dieu; elle est de present superieure à Loche. Ce sera neanmoins Tours a qui nous la demanderons, car elle en est professe. Mr de Berniere[1] *m'a escrit v[ot]re bonheur [:] il en est rauy. Le Rp père dom Raimond et tous mes parans man ont aussy escrit, cõme nos bonnes Mères de Tours qui vous aime[nt] grandem[en]t.*

---

1. Jean de Bernières-Louvigny, né à Caen en 1602, trésorier de France, avait aidé la fondatrice des Ursulines de Québec, Mme de la Peltrie, à réaliser son projet de passer au Canada malgré l'opposition de sa famille. On sait par quel stratagème, et comment une demande en mariage de sa part, agréée par le père de la jeune veuve, lui permit de la seconder dans toutes les démarches qu'elle fit à Paris et à Tours pour obtenir ses futures auxiliaires. Ce fut entre la vénérable et lui le point de départ d'une correspondance dont elle parle en ces termes: « Notre Reverende Mere superieure ayant receu les lettres du Révérend Poncet et de Mme de la Peltrie (novembre 1638) m'obligea de faire réponse aux lettres que j'avoies receues, et d'écrire à M. de Bernieres avec lequel j'eus depuis communication par lettres à tous les ordinaires, jusques à l'accomplissement, et exécution du dessein. » (*Vie*, p. 357). Mais ce commerce de lettres, on le voit par celle-ci, se poursuivit après le départ pour le Canada. Le nombre des lettres spirituelles et de mystique, détruites et perdues, est incalculable, de l'aveu du P. Martin, qui déplore cet accident. Voir la lettre LXXXVII au P. Poncet, où la Vénérable raconte le « roman » du départ de Mme de la Peltrie (p. 657 à 665 des *Lettres*). Voici ce que dit le P. Martin dans la *Vie* de sa mère, de cet homme si estimé de ses contemporains. « C'est icy qu'il faudroit parler des qualitez et du mérite de cet excellent Personnage, mais il en a fait lui-même une si belle peinture dans son *Chrétien intérieur*, qui n'est autre chose que sa vie, qu'il a écrite par l'ordre de ses Directeurs, et dans ses *Lettres spirituelles* qui contiennent son véritable esprit, et les maximes eminentes de sa conduite, que tout ce que j'y pourrois ajouter ne feroit qu'affoiblir l'idée que tout le monde s'en est formée. » (*Vie*, p. 354). Voir de Rochemonteix, t. I, p. 303, note 1, et la notice attribuée à Mgr Doney, que M. l'abbé Chapot reproduit à la fin de son premier volume (p. 433-440). Cette attribution doit être erronée : la notice, par son style, remonte certainement au dix-septième siècle, et ce n'est pas un pastiche. Sur l'ouvrage du célèbre mystique, *le Chrétien intérieur*, très remanié par plusieurs des éditeurs voir l'abbé Charles Urbain, *Fénelon directeur*, dans *la Quinzaine*, 1er sept. 1902, p. 7, et mon étude sur le *Ton de la Prédication avant Bourdaloue*, p. 274.

A Dieu, mon tres cher filz, je ne me lasserois point de vous antretenir. *Le R père Poncet vous salue. Il est raui de v[ot]re bonheur.* La Mere Marie de St Joseph aussy a qui Dieu fait beaucoup de graces et luy donne de grands talans pour luy gaigner des ames, *priez pour elle et pour [moy]* qui suis

Mon tres cher et bien aimé fils

V[ostr]e tres humble et tres affectionnée Mere

Sr Marie de lincarnation R. vrs. ind.

de Québec au seminaire de St-Joseph des Ursulines.

le 4e Septambre 1641.

Priez pour moy le jour de la feste du glorieux apostre S Paul. Je fus professe a ce jour [1].

---

1. Marie de l'Incarnation écrit, en effet, parlant de sa profession: « Ce fut le jour de la conversion de saint Paul, le vingt-cinquième janvier mil six cent trente trois et le trente trois de mon âge. Mon fils qui étoit venu de Rennes s'y trouva. » (*Vie*, p. 216). Elle parla du reste à diverses reprises de cette date qui lui rappelle le jour où elle quitta son fils. En effet, la vie de la vénérable Ursuline, rédigée par son fils, à l'aide de diverses relations écrites par elle, sur l'ordre de ses directeurs, et assemblées d'ailleurs sans beaucoup d'art, est en réalité une sorte d'autobiographie. Les pièces en sont maladroitement agencées. Après une première relation assez sommaire, mais qui ne paraît pas la plus ancienne en date, on trouve sous le nom d'*Addition*, le développement emprunté soit aux lettres, soit à une relation plus ample, de tout ce qu'on vient de lire; ce qui donne une impression de retouches successives et prête occasion à mainte redite, presque toujours instructive, car chaque répétition contient un détail nouveau qui éclaire ce qu'on avait seulement entrevu. Voici comment Marie de l'Incarnation y parle de cette déchirante séparation, qui avait été précédée d'ailleurs d'angoisses étranges, surtout pendant les trois jours de la disparition du jeune Claude, qui entendant parler du projet de sa mère, s'était enfui et l'avait laissée dans une mortelle inquiétude. (*Vie*, p. 169). « Je quittay donc tout ce que j'avois de plus cher un matin jour de la conversion de saint Paul mil six cent trente et un. Mon fils vint avec moy, lequel pleuroit amerement en me quittant : Et moy en le regardant il me sembloit qu'on me séparoit en deux, ce que néanmoins je ne faisois pas paroître. » (*Vie*, p. 170). Elle est revenue souvent sur ce sujet dans ses lettres. (Voir 10 juillet 1669, éd. orig., p. 272.) En voici quelques passages significatifs qui confirment et éclairent singulièrement celle du 4 sept. 1641. Elle lui écrit le 16 août 1664 : « Ah! mon très cher fils, qui eût jamais dit, mais qui l'eût pu même croire, que vous et moi étant demeurés seuls après la mort de votre père, la divine Majesté vous regardat dès lors pour vous faire posséder le grand et inestimable bonheur de la profession religieuse; et même qu'il vous eût fait naître pour des charges si

Il est superflu d'insister sur les libertés prises dans la publication de cette lettre, indice probable de la manière dont fut conçue toute l'édition. Ce n'est point là, d'ailleurs, un phénomène isolé, et l'on me permettra d'en déduire quelques conclusions. Dom Guéranger, cité par l'abbé Richaudeau, écrivait en 1873 : « J'ai cherché sa *Vie* pendant trente ans, et ce n'est qu'après ce long espace de temps que j'ai pu la trouver. C'est alors que j'ai pu comparer son style à celui de dom Claude Martin, et me convaincre que, même comme écrivain, la mère est bien supérieure au fils. » Cela démontre,

---

honorables et pour des emplois si éclatants? C'est assurément parce que je vous ai abandonné pour son amour, et que je ne lui ai jamais demandé ni or ni richesses pour vous ni pour moi, mais seulement la pauvreté de son fils pour tous les deux. S'il vous pourvoit en la manière que vous l'expérimentez, c'est que sa libéralité est aussi certaine que sa volonté. Ses promesses ne manquent point à ceux qui espèrent en lui! Vous souvenez-vous de ce que je vous ai dit autrefois, que si je vous abandonnois il auroit soin de vous et qu'il seroit votre père. C'est pour cela que je n'ai jamais rien fait de si bon cœur ni avec tant de confiance en Dieu, que de vous quitter pour son amour, étant fondée sur son saint évangile, qui étoit mon guide et ma force. Et lorsque je m'embarquai pour le Canada et que je voyois l'abandon actuel que je faisois de ma vie pour son amour, j'avois deux veues dans mon esprit, l'une sur vous, l'autre sur moi. A votre sujet, il me sembloit que mes os se déboitoient et qu'ils quittoient leur lieu, pour la peine que le sentiment naturel avoit de cet abandonnement. Mais à mon égard mon cœur fondoit de joie dans la fidélité que je voulois rendre à Dieu et à son fils... » (Ed. orig., p. 228). On lit encore un aveu plus caractéristique dans une autre lettre, postérieure à celle-ci, écrite à son fils le 25 sept. 1670 : « Pourquoi me demandez-vous pardon de ce que vous appelez saillies de jeunesse : il falloit que tout se passât de la sorte et que les suites nous donnassent de véritables sujets de bénir Dieu. Pour vous parler franchement, j'ai eu des sentiments de contrition de vous avoir tant fait de mal, depuis même que je suis en Canada. Avant que Dieu vous eut appelé en Religion, je me suis trouvée en des détresses si extrêmes par la crainte que j'avois que mon éloignement n'aboutît à votre perte, et que mes parents et mes amis ne vous abandonnassent, que j'avois peine de vivre. Une fois le diable me donna une forte tentation que c'en étoit fait, par de certains accidents dont il remplit mon imagination : je croyois que tout cela étoit véritable, en sorte que je fus contrainte de sortir de la maison pour me retirer à l'écart. Je pensé alors mourir de douleur; mon recours néanmoins fut à Celui qui m'avoit promis d'avoir soin de vous. Peu après, j'appris votre retraite du monde dans la sacrée Religion, ce qui me fit comme ressusciter de la mort à la vie. (*Ibid.* p. 291).

une fois de plus, qu'un correcteur médiocre ne peut effacer tout à fait le caractère de l'écrivain qu'il remanie; mais la différence qui subsiste entre les écrits sortis de sa plume et ceux auxquels il a essayé d'imprimer sa marque, ne saurait servir de preuve de sa fidélité d'éditeur. Aussi, pour appliquer cet exemple à un autre éditeur de même famille, puisque Bretonneau a, lui aussi, retouché, — et il l'avoue, — les sermons de Bourdaloue, je croirai difficilement que l'infériorité de ses propres productions oratoires démontre, comme le jugent certains critiques, qu'il n'a pas altéré les sermons publiés par lui [1].

Le commentaire complet de cette lettre nous obligerait à revenir sur la vie entière de la vénérable ursuline. Les circonstances qui y sont rappelées, relatives à sa vocation surprenante, et à l'abandon étrange dans lequel elle laissa, pour entrer au couvent, son fils âgé de douze ans à peine[2], les noms des personnes qui y sont désignées, dont plusieurs sont omis par l'éditeur, réclameraient des développements ici hors de saison. Ce sera la tâche du futur biographe ou éditeur des lettres complètes de la fondatrice du séminaire de Québec. L'annotation courante suffira à l'intelligence de la lettre, assez claire par ailleurs. On voit s'esquisser les plus beaux traits de cette âme ardente et détachée de la terre. La biographie qu'a retracée d'elle son fils, mieux placé que personne pour user des documents les plus intimes, nous l'a fait connaître suffisamment. Son dernier historien, M. l'abbé Chapot, a donc, été bien inspiré de recourir surtout à la *Vie*

1. La considération qui rassurait le P. Lauras, et qu'adopte M. Brunetière, (*Revue des deux mondes, l'Éloquence de Bourdaloue*, 1er août 1904, p. 531.) « Si nous avions des doutes sur la sincérité de Bretonneau, la vulgarité de son talent d'orateur nous tirerait d'inquiétude... » n'est-elle pas quelque peu infirmée par cet exemple de retouches assez profondes ne parvenant cependant point à faire disparaître entièrement des mérites de style et de pensée? C'est ainsi que Bretonneau éditant successivement Giroust, Cheminais, Bourdaloue et La Rue, ne s'est point entièrement substitué à eux. Est-ce une garantie qu'il n'ait pas altéré leurs textes?

2. Voir plus haut, p. 20.

publiée en 1677, pour en faire la base de son travail. Nul mieux que dom Martin ne nous a donc fait connaître sa mère, et suivant la citation biblique[1] inscrite comme signature discrète de la bibliographie où il n'a point mis un nom, son éloge de la première supérieure des Ursulines de Québec est un trésor où tous les historiens doivent puiser.

Parmi les lettres originales conservées à Troyes[2] il en est une qui porte la même date que celles-ci, du 4 septembre 1641, et qui par conséquent fut envoyée par le même vaisseau. Elle s'adressait « à la Mère Abbesse de Port-Royal de Paris » et est un remerciement pour des secours envoyés au Canada. D'autres témoignages existent des relations entretenues par la Mère Marie de l'Incarnation et ses premières compagnes avec le fameux monastère de Port-Royal. Nous en citerons quelques-unes qui ont échappé à l'abbé Richaudeau. Il a connu celle qu'on va lire et en a publié une copie qu'il croit fidèle. Il a eu le tort de s'en trop rapporter au témoignage qu'il cite en ces termes :

« Cette lettre et la suivante[3], qui sont conservées à la bibliothèque de la ville de Troyes, nous sont arrivées trop tard pour être mises à leur place chronologique. Nous n'avons, bien entendu, que des copies, dont chacune porte la déclaration suivante : *Copie certifiée conforme à l'original* de la bibliothèque de Troyes par le conservateur soussigné.

Troyes, le 30 juillet 1874. COLARD ».

N'en déplaise au conservateur de l'année 1874, la conformité est des plus relatives, à moins que l'abbé Richaudeau, assez coutumier du fait, comme nous le verrons pour les lettres de Mons, n'ait pris avec le texte quelques libertés. Je les relèverai en note, indépendamment de l'orthographe que je conserve ici telle que sur l'original.

1. *Sicut qui thesaurizat qui honorificat matrem suam.*
2. Ms f° 113 et suiv.
3. Il s'agit de la lettre du 30 août 1642 que nous lirons plus loin.

III

Jhs. Mra. Jph.

Ma Reuerende et tres honoree Mere. Salut tres humble au cœur de notre aimable Jesus.

Il semble a voir et en effet il est certain que sa bonté nous va sans cesse procurant des amis pour secourir nos chères neophites. Votre Reuerence est de ce nombre de laquelle nous auons receu les liberalitez, ie luy en rend un milion de remersimens auec assurance qu'elle aura tous les iours part au prieres qui se font en ce petit seminaire [1]; vous nous avez grandement obligée de ce qu'il vous a plu nous donner, les habits et les toilles estant ce qui est tres rare en ce pays en effet il est tres pauvre de biens temporelz mais tres riche de biens spirituelz, la diuine bonté les y versant en abondance, il est vray que nous sommes plus que suffisammant payée de nos petits travos voyant nos cheres seminaristes dans le vray chemin du ciel, ie n'eusse iamais creu que des filles nées dans la barbarie essent pris des plis côme les filles de France et tres auantageusem[én]t. Quand a lame, vous laprandres par la relation qui vous dira des choses rauissantes des grandes dispositions qui sont dans toutes les nations circonuoisines qui toutes veullent embraser notre sainte foy, je coniure votre R[everen]ce d'amployer tout le credit quelle a auprés de Dieu et celuy de toutes ses saintes filles. C'est ce que iattant et ce que j'espère l'assurant de nan estre pas ingratte, je la supliray [2] ausy que ie me puisse dire ma tres Rde Mere.

---

1. Ed. Richaudeau : ... de laquelle nous avons reçu les libéralités. Notre petit séminaire lui en rend un million de remerciements, avec assurance qu'elle aura tous les jours part aux prières qui s'y font.

2. Richaudeau : ... Je la supplie aussi...

Votre tres humble et tres obligée S[r] et servante en Jesus-Christ.

Sr Marie de l'Incarnation, urs. ind.

du séminaire de St-Joseph aux Ursulines de Québec.
le 4e septembre 1641.

A ma Reuerende Mere,

La Reuerende Mere Madame l'Abesse du Port-Royal au faubourg St-Jacques, a Paris.

A part la phrase modifiée par l'abbé Richaudeau ou sur la copie qui lui fut soumise, à part aussi l'orthographe qu'il avait des raisons de rajeunir, il n'y a pas de sensibles différences entre son texte et celui des originaux. Le plus grave est peut-être l'annotation que le dernier éditeur a ajoutée aux deux lettres publiées par lui et que nous discuterons à propos de la lettre du 30 août 1642.

Disons seulement que l'abbé Richaudeau a eu le tort de préciser à faux l'Abbesse à qui s'adressaient les deux lettres. C'est bien, quoi qu'il en ait dit, nous le verrons, la Mère Agnès et non la Mère Angélique qui est la destinataire de ces deux lettres.

Un inconvénient plus grave de s'en rapporter aux seules copies fournies de loin, ce fut d'omettre d'autres lettres de Québec qui, pour n'émaner pas de la Mère Marie de l'Incarnation, intéressaient cependant l'histoire de son monastère. Elles trouveront ici place à leur date.

La première, postérieure de douze jours seulement à la lettre de remerciement de la supérieure, a le même objet et porte les signatures conjointes de deux de ses compagnes, la Sœur Anne de Sainte-Claire, et la Sœur Marguerite de Saint-Athanase. Celle-ci a tenu la plume.

IV

JESUS MARIE JOSEPH

MADAME,

Tres humble salut en Notre-Seigneur. La presente sera pour me donner l'honeur de vous salluer de ce nouueau monde et vous dire Madame que nous nous recognoissons extremem[en]t redeuable a votre charité il faust bien dire qu'elle a les bras bien grands puisqu'elle sestant en ces terres escartée faisant du bien a des personnes qui né luy en ont iamais donné aucun suiect, c'est la une inuention de la veritable charité telle qu'est la votre Madame qui scait lier par ses bien faicts, côme auec des liens tres forts nos cœurs[1] au vostre nous nous tenons extremement honorée de cette faueur de la quelle nous vous rendons mille actions de graces vous assurant Madame que nous tascherons de la recognoistre deuant Notre-Seigneur. Je ne m'aresteray pas a vous dire des nouuelles de ce qui se passe icy car outre la relation qui vous en dira beaucoup, le Rd Pere Le Jeune[2] va en vos 'cartiers c'est une relation viuante qui vous pourra donner toutes sorte de consolation. Reste Madame a vous supplier tres humblem[en]t de nous donner une petite part en vos saintes prieres ce sera une nouuelle faueur qui nous obligera de rechef a estre pour touiours.

Madame,

Vostres humbles tres obeissante et plus affectionée seruantes,

1. Le mot *cœurs* est figuré dans la lettre par le dessin de deux cœurs accolés et suivis des lettres *rs*.

2. Le voyage du P. Lejeune a été signalé par la Mère Marie de l'Incarnation dans ses lettres à son fils. Voir plus haut, p. 49, note 2.

Sr Anne de Ste-Claire et Sr Marguerite de St-Atanase.
de notre Seminaire de St-Joseph des Ursulines de Kebec, ce 18e septembre 1641.
Avec votre permission nous saluons votre sainte comuneauté aux pireres (*sic*) de laquelle nous nous recomendons pour l'establissement de cette Maison.

Lettre de Canada, 18 septembre 1641.

A Madame

Madame l'abesse de Port-Royal en son monastère, à Paris.

Une autre lettre de la même sœur Marguerite de Saint-Athanase, incomplète du début[1], et sans suscription indiquant la destinataire, fut envoyée l'année suivante, au même monastère de Port-Royal.

V

Pour ce qui est de ce que vous me mendez de feu Mlle Arnaut nous n'en sauions rien i'espère que l'affection que cete bonne ame auoit pour nous nous sera utille dans le ciel et nous obtiendra par ses bones prieres demple benediction[s] pour nostre seminaire. Je n'ay point eu le bonheur de cognoistre la Mere de Ligny (quoy que je croye bien que nous soyons parante) ie ne laisseray de vous suplier de luy faire mes tres humble Recomendations ie n'escris qu'a *Madame* son abbesse. je luy escrirois neanmoins volontiers s'i y auoit un peu de cognoissance. la vertu de cette chere cousine me donne un grand desir d'auoir part a ses saintes prieres, et a son

1. D'une ligne coupée, en haut de la page, ne subsistent que les mots : *l'affection.. mon profit.* Il y est question de Mme Arnauld, la mère des deux abbesses de Port-Royal, et de la mère de Ligui, parente de la signataire.

affection. iespere que votre charité me procurera ce bien qui m'obligera de nouveau à me dire ce que je suis véritablement et de cœur,

Ma chere Mere,

Votre tres obligée et tres affectionnée Sr et servante en Jesus-Christ.

Marg[ueri]te de St-Athanase,

du Séminaire de St-Joseph des Ursulines de la Mission de la N. France, à Kebec.

ce 27 aoust 1642.

VI

Jesus Marie Joseph

Votre sainte bénédiction.

Madame ma tres Reverende Mere,

Je ne mérite pas que votre Révérence ait daigné mettre la main à la plume pour m'honorer de l'une de vos lettres, je suis dans une ordinaire confusion de ce que cantités de saintes ames regarde de si bon œil les pauvres Religieuses de Canada[1] lesquelles ont bien d'autres sentimens d'elles mesmes et pour mieux dire que nont d'yeux que pour voir leur miseres, et peu de correspondance à la haute grace que la bonte de Dieu leur a departie, il est uray ma tres Rde Mere jay entendu parler des plus SS de Canada tous sont dans leur neant d'une facon admirable tant la veue de l'apel apostolique leur paroit sublime, et leur correspondance petite. Il est vray les sens ne soustiennent point en Canada l'esprit laisse la nature dans les pures croix qui a retrouvé non

1. Richeaudeau : ... religieuses *du* Canada...

seulement en elle mesme mais dans toutes les choses qui la peuvent randre susceptible de croix, et vous avez en effet compris ce point ma Rde Mere en disant que vous respectez la grace et lapel de Dieu en nous [1], si iamais vous auez fait de bien [2] à quelqu'un que ce soit sil vous plait de remersier cette bonté infinie de ses misericordes sur moy et luy demander l'aneantissement de mes malices qui ne sarettent pas seullement dans le santimant mais passent dans actes tres frecans, et cet ce qui me fait craindre estre la cause et retardem[en]t des affaires de Dieu dans sa nouvelle Eglise; les Hyroquois n'avoient point encor tant fait de ravage. Lors que l'on estoit dans les plus grandes esperances du progres du Christianisme et que lon l'esperimantoit dans cantites de concessions tant dans les Hurons [3] qu'en ces cartiers des algonquins les hurons estant icy venus en traitte a leurs ordinaire lun de nos Rds peres de la Compagnie et plusieurs chrestiens tant françois que de leur nation, en sen retournant ont fait rancontre des hyroquois qui sestant trouuez les plus forts les ont deffets, en ont tué plusieurs chrestiens cathecumenes [4] puis ilz ont emmene captif le pauvre bon pere

1. Richaudeau : ... de croix. Vous avez compris cela, ma Révérende...

2. L'abbé Richaudeau ajoute ici la note suivante : « Cette phrase, innocente en soi, ne laisse pas d'être quelque peu suspecte sous la plume d'une sœur d'Antoine Arnauld, et il y a peut-être un rapprochement à faire entre la correspondance de Port-Royal, dont nous avons ici la révélation et cet alinéa de la lettre LXXXIV (p. 361 du t. I), lire 367 à son fils, 16 sept. 1648) : « Quant aux doctrines qui font aujourd'hui tant de bruit en France, je n'ai garde de m'en mêler d'en parler, et encore moins d'écrire en aucune manière ni mes sentiments, ni ceux de qui que ce soit touchant l'affaire de M. Arnaud. Une personne de France qui y est fort engagée, m'en ayant écrit, je ne lui ai point répondu, afin de ne lui point donner sujet de m'en écrire davantage. » Il n'est pas téméraire de supposer que cette personne de France fort engagée dans l'affaire de M. Arnauld, a pu être une des cinq sœurs du trop célèbre docteur, religieuses à Port-Royal. En tout cas on voit avec quelle sagesse Marie de l'Incarnation savait mesurer sa conduite en toutes choses. » Tout ceci est très possible, mais il faut noter que les dates ne concordent guère.

3. Richaudeau : — vous avez fait *du* bien...

4. *Ibid.* : ... catéchumènes et autres...

Jogue[1], une de nos seminaristes hurone, ses parans chrestiens qui la ramenoient estant plainement instruite[2], des françois et des sauuages en nombre, de sorte que si leur rage accoutumée s'exerce a l'endroit de nos pauvres captis iiz leurs feront souffrir des tourmans incoparable; ilz ne feront pas mourir[3] n[ost]re pauure fille mais ils la marieront en cette barbarie ou son salut sera en grand hasard pour estre destituée de tout ayde, c'est une tres bonne chrestienne que nous auons eue deux ans, elle scait lire et escrire elle restournoit en son pays pour ayder celle de son sexe à la foy et aux meurs, possible Dieu se servira il delle pour les filles yroquoise, cela nous estant inconneu nous attandons les esuenemens du dessein de la majesté diuine sur toutes ces pauvres victimes que ie vous suplie de luy faire recommander a ce qu'il en tire sa gloire. La relation vous fera voir cette hystoire par le même côme le progres de l'Eglise. Vous pouvez iuger si notre affliction a esté grande pour les choses sudites et dautant plus qu'on ni peut aporter remede.

Les dificultez de secourir nos gens estant insurmontables, adorons ensemble les jugemens de celuy qui mortifie et vivifie côme il luy plait je rand tres humble grace[4] a votre R[everen]ce de ses biens fais tant spirituels que temporelz. nous auons grandement este esdifiée de la lecture du livre de votre bien heureuse enfant en laquelle il paroit que la grace auoit pris place, nous auons des filles sauvagesses qui parlent françois nous leur donneront a lire[5] pour leur utilité, et a une de son age ses habits et autres choses pour son usage qui est aussy une fille quoyque ieune qui est grandement avancée. elle a

---

1. Richaudeau : ... le bon frère Jacques... — La confusion est assez jolie. Elle doit provenir de la copie, car il est à croire que l'éditeur de la M. Marie de l'Incarnation aurait pu deviner le nom du P. Jogues, martyr assez connu.

2. Richaudeau omet les mots : étant pleinement instruite.

3. Richaudeau : ... ils ne feront pas *souffrir* notre pauvre fille.

4. *Ibid.* : ... je rends *de* très humbles grâces...

5. *Ibid.* : ... nous *le* leur donnerons à lire...

communié a paque auec des ressentimens[1] tous extraordinaires jose la vous recommander[2] et toutes ses compagnes, mes sœurs et moy qui en ay plus de necessités[3] que toutes, c'est ce que je puis assurer à votre Reuerence côme de me dire en toute humilité,

Madame ma tres Rde Mere,

Votre tres humble fille et tres obeissante seruante en Jesus-Christ.

Sr Marie de l'Incarnation,

de Quebec au monastere des Ursulines.
le 30 d'aoust 1642.

La Rde Mere Catherine de St-Agnes tres digne Abesse de Port-Royal, à Paris.

A ma Tres Reurende Mere de St-Paul tres digne Abesse de Notre-Dame de Port-Royal, à Paris.

Les modifications de détail apportées dans cette lettre par l'abbé Richaudeau, sauf la faute de lecture, *le frère Jacques* pour le Père Jogues, qui peut-être ne lui est pas imputable, semblent dictées par le désir de rajeunir le style archaïque de la vénérable ursuline. Il n'était pas besoin de prendre cette peine et la fidélité valait mieux.

Il y a plus, l'abbé Richaudeau qui n'a cependant imprimé ni l'adresse, ni la suscription mise au bas de la lettre, mais qui l'a fait précéder du titre : *Lettre CCXXV à la Révérende Mère Catherine Agnès, Abbesse de Port-Royal, à Paris*, a joint à ce titre l'annotation que voici :

« En 1642, date de cette lettre, la Mère Catherine Agnès

1. Richaudeau : ... avec des sentiments...
2. *Id.* : ... j'ose vous la recommander...
3. *Id.* : ... qui en ai plus besoin que...

n'était pas abbesse de Port-Royal, mais elle en remplissait les fonctions à la place de sa sœur, la Mère Angélique, alors à Maubuisson, dont elle travaillait à réformer l'abbaye ».

La remarque n'est pas heureuse. Outre que le séjour de la Mère Angélique pour la réforme de Maubuisson, est de beaucoup antérieur et précéda la fondation même de Port-Royal de Paris, il n'y avait pas lieu de contester qu'à cette époque, la Mère Agnès de Saint-Paul ne fût l'abbesse titulaire de Port-Royal, témoin cette phrase du *Port-Royal* de Sainte-Beuve, à propos de la sœur de la grande Angélique : « Elle cessa d'être abbesse à la fin de cette année 1642; elle gouvernait depuis six ans, ayant été réélue après le premier triennat (1636-1639). La Mère Angélique élue à son tour lui succéda (1639-1642)[1] ». Donc la lettre adressée le 30 août, comme la précédente du 4 septembre 1641 s'adressent bien à la Mère Agnès de S. Paul, abbesse de Port-Royal de Paris[2].

Ici s'arrête notre récolte à Troyes.

Passons aux lettres dont les originaux sont précieusement conservés au couvent des Ursulines de Mons. Adressées à la Supérieure des Religieuses de Sainte-Ursule, des années 1663 à 1670, elles se rapportent à des années assez éloignées des lettres autographes de Paris et de Troyes. D'ailleurs elles n'ont pas, au même degré du moins, le mérite de l'inédit, puisque M. l'abbé Richardeau, dans son édition, les avait publiées. Toutefois il a eu le tort de n'en pas

1. *Port-Royal*, t. II, p. 26.

2. Voir les lettres de la Mère Agnès, publiées en 1858 par Faugère, deux vol. in-8° : Voir aussi *Lettres de la Mère Angélique*, Utrecht, 1742, 3 vol. Deux lettres, non reproduites dans le volume des lettres, et empruntées à la Préface de la Vie, ont été insérées par Richaudeau, à leur date, ce qui était une idée heureuse, lettre CXX, 9 août 1664, et 27 sept. 1654, let. CXXVI. Notez qu'elles contiennent la signature entière, avec R. U. I. ce qu'on ne rencontre que dans les inédites.

Les relations de Marie de l'Incarnation avec les Ursulines de Bordeaux inviteraient à chercher dans les bibliothèques et archives de cette ville. Il est presque impossible qu'un certain nombre de ses lettres n'aient échappé à son fils.

toujours assez respecter le texte. Les retouches qu'il s'y est permises, si légères soient-elles, méritent d'être réparées

Il écrivait en note de la lettre du 20 octobre 1663 : « Cette lettre est imprimée pour la première fois, ainsi que les cinq autres qu'on trouvera plus loin, savoir les lettres CCI, CCVIII, CCXIX et CCXXI. Ces six lettres nous ont été communiquées par la révérende Supérieure des Ursulines de Mons qui en ont conservé les précieux autographes[1] ».

Cette référence eût été de nature à rassurer. Toutefois il y faut noter tout au moins une inexactitude. Authentiques, les lettres conservées à Mons le sont toutes, mais la première en date ne peut porter le nom d'*autographe*, puisque, dans la première phrase, la Vénérable Marie de l'Incarnation explique qu'elle a dû « emprunter la main d'une de ses jeunes professes ».

Probablement elle se sera bornée à la signer. C'est d'ailleurs ce que je n'ai pu vérifier; car je publie ces lettres, non pas *de visu*, mais grâce à une copie qu'il y a tout lieu de croire exacte, que m'a procurée le savant historien des Missions des Jésuites au Canada, le P. C. de Rochemonteix. Voici du reste une lettre qui authentique cette transcription.

Mons, le 10 mars 1906.

TRÈS RÉVÉREND PÈRE,

J'ai l'honneur de vous retourner les cinq lettres[2] de la Sr Marie de l'Incarnation ainsi que la carte du R. P. C. de Rochemonteix que vous m'avez communiquées. La copie de

1. *Lettres de la reverende mère Marie de l'Incarnation*... Nouvelle édition augmentée de huit lettres inédites et annotée par l'abbé Richaudeau. Tournai, Casterman. 2 vol. in-8° 1876, t. II, p. 259, n. 1.

2. Il faut noter qu'au temps où parut l'édition de M. l'abbé Richaudeau, on devait posséder *six* lettres. Celle qu'il publie, p. 321 de son tome II, en date du 9 novembre 1671, ne figure pas dans la collection qui m'a été communiquée.

ces lettres a été faite ligne par ligne, textuellement, avec les mots répétés, supprimés et ajoutés. A la fin de la dernière lettre, du 24 août 1671, à l'endroit où se trouve l'adresse, j'ai donné un calque du cachet qui est apposé à la lettre originale...

Je vous prie d'agréer, Très Révérend Père, l'expression de mes sentiments les plus respectueux.

Ch. HODEVAERE,
Conservateur-adjoint des archives de l'Etat.

Au R. P. Alf. L'Hoir, de la Compagnie de Jésus, à Mons.

Nous avons donc une transcription qu'on peut tenir pour exacte. Qu'il nous suffise de la reproduire suivant l'ordre des dates.

VII

V[ot]re s[ain]te Bénédiction.

Ma Reverende et tres honorée Mere,

Nous avons receu la v[ot]re si tard que les navires étant prest de s'en retourner en france il m'a fallu emprunter la main d'une de nos jeunes professes fille d'une des principalles familles de se pays, pour pouvoir satisfaire, aux questions qu'il vous a pleu me proposer, Vous verrez bien que ,ce n'est pas une sauvage, quoy qu'elle soit native de ce pays, ou les esprits sont fort bons doux et docilles. Nous en avons 4, et les autres sont venües de france, les unes seculieres les autres comme nous qui avons fondé, R[eligieu]ses profes-ses, nous avons fait espreuve des filles sauvages, elles ne peuvent durer en cloiture, leur naturel est fort melancolique, et la coutume de la liberté d'aller ou elles veullent estant retenue, ocmente cette melancolie, nous en avons eslevé à la françoise qui scavent lire et escrire; nous les avons mariée avec des françois; les R[évéren]ds Peres et nous nous sommes cotisez pour sela; Il nous en couta l'année passee, pour le trousseau de deux, 600 livres; nous les avions nourries et entretenue l'une 7 ans, l'autre 4. Elles savent lire et escrire, et sont fort bien pourveües, habilles en leur mesnage, aussi sage et posee que des françoises, on les prend pour françoises, parce qu'an leur prononontiation elles ne diffèrent point des françoises.

Il faut que ie vous die, ma très honoree Mere, qu'il est venu des filles en ce pays qui sont de vos cartiers, il y entre autres (*sic*) une qui a demeuré à la Visitation, Elle dit qu'on leur a donné, contre v[ot]re volonté, une maison qui est vis à vis de v[ot]re monastere, par ou on alloit soubs terre, il me semble navoir entendu parler à nos mere de france de cette maison : et que Mr v[ot]re archevesque vous y a contraintes [1]. Cella est bien dur, ma chere Mere. Est-il vray. Je ne scay qui en à tant apris a cette fille il semble qu'elle sache tout ce qui se passe en v[ot]re maison de laquelle neantmoins elle parle avec honneur et estime;

I'ay suplié le R[évéren]d Père du Crux de vous visiter et faire part de ce que ie lui escris au subiet des grands tram-

1. « La ville de Mons, soumise aujourd'hui à l'évêque de Tournai, appartenait en 1663 à l'archevêché de Cambray. D'après les renseignements que la révérende Mère supérieure de Mons a bien voulu nous fournir, la vénérable mère de l'Incarnation a été trompée relativement à la maison donnée aux Visitandines. Ces religieuses n'ont jamais demeuré dans le voisinage des Ursulines. Ces dernières furent plusieurs fois en contestation avec une communauté dite de Sainte Marie-Madeleine. relativement à l'écoulement des eaux par un canal qui passait sous la rue pour traverser ensuite la propriété des Ursulines. Il est probable que l'archevêque sera intervenu, et que de là sera venue l'histoire d'une maison avec tunnel sous la rue. La supérieure qui dirigeait la communauté de Mons en 1663, et à laquelle cette lettre fut écrite, était française et arrière grand tante de la supérieure actuelle (1876). » *(Note de l'abbé Richaudeau).*

blements de terre arrivez en ces contrée, ie vous en envoye le recit en vers que ie vous suplie aussi de luy comuniquer, et il vous l'expliquera. C'est une bonne personne de piété qui les a composés en suitte des effects de ce grand tramble terre. Tout y est véritable. Ayez le donc pour agreable, et toutes mes R[évéren]des et très honorees meres que ie suplie d'agreer mes tres humbles salus.

Ie vous diray qu'après l'arrivee de Monseigneur n[ot]re digne prelat, nous avons fait n[ot]re élection, i'ay esté mise en la charge de supérieure malgré moy; mais il m'a falu subir cette mortification. Obtenez de Dieu qu'il me fasse la grace de m'en bien aquitter; pour ce que vous demandez si nous avons un Evesque diosezien, nous avons un Evesque envoyé par n[ot]re s[ain]t Pere le Pape, en qualité de son grand vicaire apostolique en toute la nouvelle france, il y a quelque raison pour lesquelles il ne se nomme pas titulaire, qui sont du droit, [Neanmoins le Roy la fondé] [1], c'est un homme s[ain]t le père des pauvres et du public. C'estoit un seigneur de la maison de la val, qui est donné à Dieu des sa jeunesse. Le roi l'ayme beaucoup pour son mérite et qualité. Elle vouloit le retenir en france; mais l'amour que ce bon prelat porte à cette nouvelle Eglise a suplié sa maieste dy revenir.

Ma très honoree Mère, ie vous suplie de nous continuer l'honneur de votre v[ot]re (*sic*) affection. Vous m'avez demandé un pied d'ellan, mais ce n'est pas la saison d'en recouvrer, ie ne manqueray pas de vous en envoyer un si ie vis l'an prochain, l'empressement dans le quel nous sommes ne me permet pas de vous entretenir d'avantag pour le present ie suis,

Ma R[everen]de et très honorée Mère,
Votre très humble et
tres obeissante fille
Marie
de l'Incarnation.

1. Mots omis par l'abbé Richaudeau.

De n[ot]re seminaire des ursulines de Kuebec, le 20 doctobre 1663.

Il y a une jeune fille, niepce du R[everen]d pere Rousseau, iesuite, qui sort de v[ot]re seminaire qui vous pourra dire des nouvelles de n[ot]re maison et Mr de la Marque, son frere, la remene en France; elle est de v[ot]re ville.

***

S'il n'y a pas lieu d'insister outre mesure sur les variantes d'orthographe que l'éditeur, par son système arrêté de se conformer à la manière moderne, était dispensé de retenir, il faut signaler au moins les retouches de style et plusieurs omissions que rien n'explique.

Ainsi, dans la phrase relative à l'évêque, Mgr de Laval, les mots : *néanmoins le roi l'a fondé*, que l'éditeur a passés, sans doute parce qu'ils rompent la régularité de la phrase, en se rapportant au siège et non à l'évêque; ainsi surtout les modifications apportées au texte un peu plus loin, où on lit dans l'édition Richaudeau : « Le roi l'aime beaucoup pour son mérite et *ses qualités*. — Ce qui constitue un contre sens et fausse la pensée, car la Vénérable parlait des *mérite et qualité*, c'est-à-dire de la naissance et noblesse du prélat. L'éditeur ensuite, gêné par le texte : *Elle* vouloit le retenir, supplée et corrige : « Sa Majesté voulait... etc. et il arrange à sa manière la fin de la phrase en imprimant : « l'amour que ce bon prélat porte à cette nouvelle Eglise a fait qu'il a supplié pour y revenir. »

Enfin, dans le *Post-scriptum* précédé par lui de l'abréviation ajoutée P. S. l'abbé Richaudeau a omis un membre de phrase et fait lire : « Du Révérend Père Rousseau, jésuite qui pourra vous dire...

C'est avoir trop souci de la régularité grammaticale que de modifier ainsi les textes qui ont droit d'être plus religieusement traités.

Des libertés analogues sont prises avec les lettres suivantes, qu'il suffira de signaler en notes.

VIII

De n[ot]re Seminaire de Quebec le 1er Octobre 1669.

JHS. MRA. JPH.

Ma révérende et plus que tres chere Mere,

Jesus soit n[ot]re vie et n[ot]re amour pour le temps et l'éternité[1], iay receu celle[2] que vous avez eu la bonté de m'escrire avec tout lamour et le respect que je dois à la bonté de v[ot]re cœur si charitable et si cordial de vouloir bien se souvenir de ses pauvres sœurs qui sont en ce bout du monde, ie chery le rencontre[3] que vous avez fait du R[évéren]d Père Pierron, le frere duquel demeure proche de notre monastere, dans la maison principale de leur compagnie en ces contrée, lequel n[ou]s a randu v[ot]re chere lestre, laquelle ma comble de ioye et n[ot]re com[munau]tté, y aprenant que notre s[ain]t ordre est estandu dans les lieux que vous descrivez[4]. Ie savois bien que les R[évéren]des Meres Ursulines de la Congrégation de Paris estoient establie en Allemagne, et mesme dans la ville imperiale, mais, i'ygnorais que n[ot]re congréga[ti]on de Bourdeaux possedat ce que v[ot]re bonté me descrit, i'an rand tres humble grace à N[ot]re-Seign[eu]r et je m'an coniouist avec vous, mon aymable Mere et nos bonnes Meres de Bourdeaux, en repondant à celles qu'elle[5] me font lhonneur de m'escrire — permetez moy sil vous plaist de

1. Richaudeau : pour le temps et *pour* l'éternité... t. II, p. 419. Lettre CCI.

2. R. : j'ai reçu la lettre que...

3. R. : la rencontre. Ce mot était masculin au XVIIe siècle. Cf. p. 76, note 6.

4. R. : designez...

5. R. : répondant à la lettre qu'elles...

vous demander si vous estes sortie de n[ot]re maison de Bourdeaux, ou si quelqunes d'eslle y sont allé fonder et que vous en suite y soyez entrée et ayez embrasé[1] n[ot]re Institud en v[ot]re pays, com[m]e les filles Canadoises issue des françois habitans de ce lieu, se sont faites R[eligieu]ses avec nous. donc pour respondre à v[ot]re s[ain]te inclination daprandre quelque particularites de n[ot]re Com[munau]tté, ma très chère Mère; prem[ièremen]t ie vous diray qu'il y a plus de 30 ans que nous som[m]es establie à Quebec, qui est le port ou abordent les navires de france, lorsque n[ou]s y som[m]es venue il ny avoit que 5 ou 6 petites maisons tout au plus, tout le pays estoit de grandes forets plaines de haliers, maintenant Québec est une ville et au delà et environs cantitez de bourgs et de villages, en lestandue[2] de plus de 100 lieux, dans ces commencemans nous étions entourez de sauvages de sauvages (*sic*), les hom[m]es et les fe[m]es nuds iusquà la seinture, excepté lhyver qu'ils estoient couvert de peaux de bestes, la hantise des françois les a fait couvrir, tant les uns que les autres, tres modestement, Nous commençames par leurs filles et fe[m]mes[3] en leur donnant à entendre qu'ilz avoient chacun un Ange que Dieu leur donnoit pour les garder des demons, et qu'il s'enfuyroit delles si elles ne se couvraient modestement[4]. Les R[éveren]ds Pères Jesuistes leur faisoient de longs sermons à ce suiet, nous avons apris leur langue par precepte et par estude des le commencem[en]t. Toute cette nation la[5] que n[ou]s trouvâmes habiter en ces

---

1. R. : ou si quelques religieuses de Bordeaux sont allées fonder chez vous un monastère où ensuite vous seriez entrées de manière que vous auriez...

2. R. : Maintenant Québec est une ville au delà et aux environs de laquelle se trouvent quantité de bourgs et de villages, dans une étendue...

3. R. : les a fait *se* couvrir, tant les uns que les autres, modestement. Nous commençâmes par leurs filles et *leurs* femmes.

4. R. : et qu'il s'enfuirait si elles ne se couvraient *pas* modestement...

5. R. : toutes ces nations là...

lieux sont bons Chrestiens à présent, et ilz ellevent leurs enfans et familles com[m]e les françois; mais ilz n'ont point de maisons de charpante, seullem[en]t des cabanes d'escorces soustenue de grosses perches de cedre, qu'ilz demontent lors qu'ilz veullent aller à la chasse dans les grands bois ou generailement tous vont hyverner, au printemps ilz reviennent en leur lieu, Cest la façon des Algonquins car les autres nations sont sedentaires, tous ne vivent que de leur chasse et de bled d'Inde, duquel ilz font de la bouillye; ils se vestent de leurs peaux de bestes et ils en traitte aussy des couvertures[1] dont ils se couvrent com[m]e de manteaux lhyver.

Des le lendemain de n[ot]re arrivée, lon nous amena les filles sauvages et celles des françois qui trafiquoient en ce pays, ce que lon a continué iusqu'a present. Com[m]e le pays a ocmenté, nous aurons pour l'ordinaire 20 à 30 pentionnaires. les françoises nous donnent 120 livres de pention; nous prenons les filles sauvages gratuittem[en]t : encore leurs parans qui sont passionnez pour leurs enfants, croyent nous obliger beaucoup, Dès qu'elles entrent, ilz remportent leurs haillons, n[ou]s les donnent nües, nous les desgraissons, car ils se graissent tous a cause qu'ils ne portent point de linge. Il n[ou]s faut chercher de quoy les vestir, etc., ce qui nous charge grandem[en]t : toute fois la bonté de Dieu nous a assistée en sorte que nous navons point encore[2] manqué d'assister ces cheres Neophites et de subsister en ce pays ou les frais sont immenses, quoy que nous ayons un bien petit revenu, pour les externes ie ne puis pas dire le nombre parce qu'il y en a partie que le froit tres grand et les neges obligent de demeurer lhyver en leur maison, Enfin n[ou]s

1. R. : ils se *vêtissent* de leurs peaux de bêtes et ils *en font* aussi...

2. R. : nous a *aidées*, en sorte que nous n'avons *pas* encore manqué d'assister... C'est pour éviter la répétition de ce mot *assister* que l'éditeur a corrigé *aidées* : c'est trop de scrupules de grammairien et pas assez de probité d'éditeur fidèle.

avons toutes celles de la haute et basse ville; les françois nous ameine leurs fille de plus de 60 lieue dicy, quoy que Mgr n[ot]re Prelat aye estably des maitresses d'escolle à Montréal pour suppléer en ce lieu attand[an]t que nous y soyons establie.

Nous som[m]es 22 Religieuses dont trois sont encore novice, en ce nombre il y a 4 sœurs Converses; nous so[m]mes encore six proffesses de france. les autres ont fait proffession en ce pays dont sept sont filles du pays et deux des novices, les autres sont de france[1], Madame de la Peltrie est toujours avec nous, c'est une sainte, nous ne pouvons pas beaucoup n[ou]s ocmenter a raison que tout est exorbitam[men]t cher en ce pays, Il ne n[ou]s est mort que trois R[eligieu]ses depuis que n[ou]s somes establie en Canada; sçavoir ma chere mere de S[ain]t-Joseph[2], une Converse de france, et une de Chœur aussy de france, sœur du gouverneur de ces contrée, qu'il avoit amenée de france avec Me sa fe[m]me qui entra parmy nous et y fist son novitiat et profession[3], Nous en avons ranvoyé dautres qui ne nous estoient pas propres[4].

Toute n[otr]e Congrégation vous sera très obligée, ma tres chère Mère de faire remettre en estat la vie de la venerable Mère Anne de Beauvais qui nestoit pas selon que jay apris de feux ma Mere de S[ain]t-Bernard, entre les bras de laquelle elle randit l'esprit, corecte[5] ny faicte régulièrem[en]t[6],

1. R. : en ce pays. Sept d'entre elles et deux novices sont filles du pays...

2. Voir plus haut, p. 6-25.

3. R. avec madame sa femme. *Elle* entra parmi nous et y fit son noviciat et *sa* profession...

4. R. : renvoyé *deux* qui ne nous convenaient pas. — Le mot *deux* a-t-il été tiré de l'histoire : car d'autres lettres nomment *deux* religieuses renvoyées; il ne peut venir ici de l'abréviation aue, le mot était écrit en entier.

5. R. : Car, selon que... rendit l'esprit, cette vie n'était pas correcte...

6. « Anne de Beauvais, née à Bordeaux vers 1586, fut associée aux fondatrices des Ursulines de cette ville, en 1606. Elle avait reçu des talents naturels tellement remarquables qu'elle sut presque aussitôt lire

pour ce qui regarde le récit de ma chere mere de S[ain]t-Joseph, ma compagne, lorsque ie l'envoyè en France, c'estoit seullem[en]t pour nos cheres Meres de Tours, d'ou nous estions sortie, pour donner suiet de louer Dieu des graces qu'il avoit[1] faite à cette bonne fille qu'elles avoient eslevée des son enfance, et qui avoient fait un grand sacrifice de la laisser[2] sortir de leur maison, ie fus fort surprise d'aprandre qun de nos amis, qui se doutoit que j'anvoyois ce récit à nos Mere, ouvrit mon paquet et le mit entre les mains du révérend père Le Jeune, procureur des Missions, qui avoit été longtemps son directeur en ce pays[3] lequel le mit en Relation, après l'avoir fait imprimer.

---

que parler et que sa raison fut développée bien avant l'âge ordinaire. Choisie à quatorze ans par un riche bourgeois de la ville pour être l'institutrice de ses filles, elle étonna par sa capacité et surtout par une piété incomparable. Toutes les jeunes personnes du quartier voulurent l'avoir pour directrice, et s'étant réunies sous sa conduite en une pieuse association, elles vivaient comme de petites religieuses, prenant la discipline et pratiquant toutes les austérités du cloître.

Devenue Ursuline, Anne fut nommée sous-prieure d'une fondation à vingt et un ans. Remise au noviciat pour éprouver son humilité, elle y demeura comme en paradis, rapporte un de ses historiens. Nommée ensuite plusieurs fois supérieure, elle mourut à Saumur dans l'exercice de cette charge. On lui attribua des miracles avant et après sa mort. La Mère de l'Incarnation connaissait sa vie publiée en 1621; mais ayant appris qu'on venait d'en publier une nouvelle en Flandre, elle la demanda à la supérieure de Mons, et elle réitéra plusieurs fois cette demande... Anne de Beauvais étant tombée dans un oubli immérité, nous nous proposons, avec le secours de Dieu, de publier sa vie de nouveau. » (Note de Richaudeau.)

1. R. : *afin* de leur donner... Cette correction est faite afin d'éviter la répétition de *pour*. C'est encore une fois par un malencontreux scrupule.

2. R. : à cette bonne fille. Elles l'avaient élevée... et elles s'étaient imposé un grand sacrifice en la laissant...

3. N. B. (Le P. Lejeune, dans cette lettre de 1669, mais qui se réfère à l'époque de l'envoi de la Relation sur la mère Marie de St-Joseph (1653), est nettement désigné, comme étant alors procureur, et hors du pays où il a dirigé naguère la défunte. Marie de l'Incarnation n'a donc pu dire en 1660 : le P. Lejeune *va* en France, qu'il ne soit nécessaire d'expliquer cette inexactitude. Voici le texte exact de 1660, qui fait difficulté : « Plusieurs des plus honêtes gens de ce païs sont partis pour aller en France : Et particulièrement le P. Lejeune y va pour demander du secours contre nos ennemis. » (Lettre du 2 novembre 1660,

L'année ensuitte[1] nos Meres de Tours me manderent qu'elles avoient eu connoissence de sa mort avant d'en avoir sceu[2] la nouvelle; voicy comment. Une bonne sœur converse qui lavoit eslevée et soignée dans le pentionnaire[3], estant encore en son lit, la sepmaine que la Mère mourut, elle s'entendit appeller par elle, luy disant : ma S^r, tenez-vous preste, vous partirez bien tost. Incontinant elle fut en la chambre de ma[4] Mere de S[ain]t-Bernard, prieure, luy dire : n[ot]re[5] Mere, la Mere de S[ain]t-Joseph est morte, elle m'a aparu et dit que je mourrois bien tost et que je me tince preste[6]. En effet cette bonne S^r nommée Sr Elisabeth de S[ain]te-Marthe[7], tomba malade et dans peu de iours mourut[8]. L'arrivée des vaisseaux fist connoistre à nos mere leffet de cette vérité par nos lestres[9], plusieurs personnes ont reçeu plusieurs grandes graces

---

p. 557 de l'éd. originale, Lettre LIX des Historiques; à son fils; Richaudeau, t. II, p. 187).

Le 17 septembre, elle avait encore écrit à son fils : « Je vous ai déjà écrit une lettre bien ample par le premier vaisseau parti au mois de juillet, une autre plus courte par le révérend père Lejeune, et une troisième par un autre navire (éd. orig. LXC des Spirituelles, p. 202; R. II. p. 166). Si on veut supposer un retour du P. Lejeune, et un nouveau départ en 1660, il le faut au moins placer peu après juillet et avant septembre; mais la formule se peut entendre autrement que par le voyage du P. Lejeune, et au contraire par l'envoi de sa lettre par le paquet destiné au Procureur des Missions, chargé, à Paris, de faire passer la lettre au destinataire. Ce serait en opposition avec les deux autres modes, le premier et le troisième (lettre directement confiée à un navire, que la seconde lettre aurait été jointe à un envoi destiné au P. Lejeune.)

1. R. : qui avait été longtemps le directeur de cette sainte âme en ce pays. Le Père insère cette notice dans la Relation, après l'avoir fait imprimer. L'année d'après, nos Mères...

2. R. : d'en avoir reçu....

3. R. : dans le pensionnat...

4. R. : elle alla à la chambre de notre Mère...

5. R. : et elle lui dit : Ma Mère...

6. R. : apparu, et m'a dit que je mourrai bientôt et que je me tienne...

7. R. : nommée Sainte-Elisabeth de sainte Marthe...

8. R. : et mourut après quelques jours...

9. R. : fit connoître à nos Meres la vérité par nos lettres...

intérieures[1] apres l'avoir invoquée, et mesme la grace de la vocation r[eligieu]se, lors quelle estoit au lit de la mort elle voyoit que nous aprehendions une mauvaise affaire preiudiciable à notre Com[munau]tté elle nous dit sans hésiter ne vous mettez pas en peine, cette affaire se terminera par une telle voye; en effet la chose qui estoit de tres grande consequence arriva comme elle lavoit dit, elle avoit encore adiouté lorsque je seray morte ie la demanderay [à] Dieu et elle arrivera[2], il est arrivé plusieurs choses qui nous ont fait experimenter lefficace [3] des prieres de cette sainte ame, ie la connoissois iusques au fond[4] ayent esté novice avec elle et tousiours ensemble iusqua sa mort[5], il arriva un grand accidant à M. de la Bretaiche son beau frere, lequel ayent grande compagnie chez luy pour aller a la chasse ensemble, côme il se munissoit[6] de poudre il tomba une estincelle de feu dans un barril lequel incontinant, enleva la salle les planchers[7] et tout ce qui estoit dedans, Mr fut ensevely dans les ruisnes. Me de la Bretaiche sœur de notre chere mere en mesme peril[8]. elle estoit enceinte de huit mois. incontant cette noblesse qui attandoit voyant cet accidant se mirent et firent mettre des gens pour enlever les débris et treuver les corps qui estimoient morts, lon avoit[9] beau les apeller, lon

1. R. : ont reçu de grandes grâces... — C'est toujours le désir d'éviter des répétitions qui amène ce prurit de retouches, comme si le style incorrect de la Vénérable ne l'emportait pas sur le style correct de son éditeur.

2. R. : et cela arrivera...

3. R. : l'efficacité...

4. R. : la connaissais à fond...

5. R. : jusqu'à la mort.

6. R. : qui avait grande compagnie chez lui pour une partie de chasse. *Lorsqu'il* se munissait. — Ici l'éditeur commet un contre-sens, car *comme*, signifie : au moment où...

7. R. : Lorsqu'il se munissait de poudre une étincelle de feu tomba sur un baril, qui à l'instant enleva la salle et les planchers...

8. R. : de notre chère Mere egalement...

9. R. : Aussitôt tout le monde se mit en mouvement pour soulever les décombres et découvrir les victimes que l'on estimait mortes. On avait

ne respondoit point[1]. enfin lon trouva Mr ensevely dans le debris qui respiroit un peu, lon trouva[2] Madame encore plus profondement ensevelie, et aupres delle le tableau de notre chere Mere de St-Joseph qui nestoit en facon du monde endomagé, lon la porta en cet estat quasy morte sur un lit[3], estant un peu revenue a soy elle dit[4] quelle avoit invoqué sa bonne Sr de St-Joseph et pour ce tableau lon ne scait côme il avoit esté porté la parce quil estoit pendu en un lieu qui en estoit esloigné, quoy que cette bonne Dame eut esté soubz cette grande ruisne elle ne fut point blessée[5] et accoucha quelque temps a pres d'un bel enfant, cette protection fut attribuée aux priere de la m[ere] de St-Joseph, il y eut un miracle evidant en ce rencontre[6] parce que naturellement Mr de la Bretaiche et Madame en devoient mourir[7], la memoire de cette chere Mere nous est en benediction. que je die encore ce mot, lors qu'on tira ces bonnes personnes de dessoubz ces ruisnes ils estoient tellement couverts de pierres gravoirs poussiere et bois quon ne pouvoit iuger que ce fut des formes humaines. les sauvages hurons ont encore la memoire fresche de n[ot]re chere Mere ilz laymoient grand[emen]t a cause que sachant leur langue elle les instruisoit avec une grande charité, vous scavez que les Rdes Meres Ursulines de Paris font les

---

beau. — Les phrases sont à comparer et on jugera que l'éditeur était audessous de sa tâche et incapable de conserver la moindre couleur locale à sa traduction : *tradittore.*

1. R. : les appeler : on ne recevait aucune réponse.

2. R. : enseveli sous les débris et respirant un peu. On trouva...

3. R. : qui n'était pas endommagé le moins du monde. On porta cette dame quasi morte sur un lit.

4. R. : revenue à elle, elle dit...

5. Le sens n'est pas : elle ne reçut aucune blessure, mais : elle ne fit pas de fausse couche. *Etre blessée* était la périphrase employée au XVIIe siècle pour désigner cet accident.

6. en cette rencontre. Cf. plus haut, p. 69, n. 3.

7. R. : M. et Mme de la Bretaîche en devaient. Je dois ajouter que quand on tira ces bonnes personnes de dessous les ruines, elles étaient... que ce fussent des formes humaines. La mémoire de cette chère Mère nous est en bénédiction.

cronique de tout lordre, ilz en ont communiqué[1] a n[ot]re congregation, on leur envoye des memoires de toutes pars, n[ot]re chere mere de St-Joseph y tiendra bonne place, nos m[eres] de bourdeaux mont mandé quelles en ont esté avertie[2].

Encore vous faut il dire un mot[3] de lestat present de cette nouvelle Eglise, vous avez autrefois entendu parler des hyroquois peuples qui ont exercé de grandes cruautez a lendroit des R[everen]ds peres de la mission et des francois en les massacrant par tout ou ilz les pouvoient rencontrer. maintenant ilz se sont randu souples à n[ot]re s[ain]te foy; ilz sont un grand peuple et un grand pays[4], ilz font baptiser tous leurs enfants et tous se randent assidus a la priere et a linstruction, lon a de plus descouvert de grandes nations nations (*sic*) qui sont a plus de 300 lieue[5] au dessus de nous tous barbarres qui n'avoient iamais entendu parler de Dieu ny veu de francois[6], il cest treuvé que Dieu a tellem[en]t disposé leur cœurs que ce sont les plus affables du monde docilles en sorte quilz veullent[7] embrasser n[ot]re s[ain]te foy des quilz ont entendu parler de la grandeur de nos SS. Misteres, ilz font baptiser tous leurs enfans pendant qu'eux se font instruire, il faut que vous sachiez qu'il y a de grandes affaires a convertir[8] les sauvages, ce sont gens tres supersticieux qui font leur creance en leurs songes[9], silz songent quilz veullent tuer

1. R. : *Elles en ont donné connaissance* à notre congrégation *et* on...

2. « Les Chroniques de l'Ordre de Sainte-Ursule furent en effet imprimées à Paris en 1673, un an après la mort de la Mère de l'Incarnation, mais on n'y a rien dit de la Mère de Saint-Joseph. » (Note de Richaudeau).

3. R. : Il faut que je vous dise un mot...

4. R. : ils *forment* un grand peuple *et habitent* un grand...

5. R. : ... à plus de cinq cents lieues...

6. R. : ... ni vu des François... Ici le correcteur grammairien est en défaut et c'est la Vénérable qui écrit correctement.

7. R. : tellement dociles qu'ils veulent...

8. R. : que vous sachiez que ce n'est pas une petite affaire que de convertir...

9. R. : qui *basent* leurs créance *sur* leurs...

un hôme ilz le tuent etc, ilz ont plusieurs fe[m]mes et adioutent creances aux sorciers et devins, ce nest pas quilz le soient mais ce sont des iongleurs par exemple côme sont les bateleurs en Europe[1], ce n'est pas moins dun miracle lorsquilz se convertissent[2], mainten[an]t la divine Maiesté les touche et leur donne creances[3] aux ouvriers du S[ain]t Evangille, ilz craignent le feu denfer. on leur fait[4] des pintures, et du paradis. ilz admire cela et le croyent[5], ne vous lassez point mon aymable mere ny v[ot]re s[ain]te com[munau]tté de prier pour cette nouvelle Eglise et ny oubliez pas n[ot]re petite famille qui vous remercie avec moy de lamour et estime que vous faites de ma chere compagne de S[ain]t-Joseph, lors que vous aurez le beau livre que vous faite imprimer vous nous ferez une grande charité de nous lenvoyer[6], il faudra sil vous plaist en faire l'adresse au R[everen]d Pere Paul Ragueneau[7] de la Compagnie de Jesus procureur des missions pour faire tenir[8] a Sr Marie de lincarnation re[ligieu]se ursuline a Quebec, cest que ie sortiray de charge en mars prochain mes six ans estant finis, permetez moy de saluer v[ot]re sainte et R[everen]te Com[munau]tté[9] que ie suplie avec vous daagreer les tres humbles respectz de la n[ot]re. obligez moy de plus de recommender cette mission a toutes mes R[everen]des

1. R. : aux sorciers et *aux* devins bien que ces prétendus sorciers ne soient que des jongleurs assez semblables aux bateleurs de l'Europe.

2. R : Il ne faut rien moins qu'un miracle pour les convertir.

3. R. : et leur donne confiance aux ouvriers... — L'équivalence est loin d'être exacte.

4. R. : de l'enfer dont on leur fait des peintures, ainsi que du paradis...

5. R. : ils admirent cela et ils croient.

6. « Elle parle probablement de la Vie nouvelle d'Anne de Beauvais. C'est en effet un beau volume, petit in-4° de 360 pages, avec six grandes gravures, dont cinq représentent Anne de Beauvais aux différentes époques de sa vie. Chaque portrait est entouré de médaillons emblématiques et de divers ornements de fantaisie. » (Note de Richaudeau.)

7. Né à Paris, le 18 mars 1608, il revint y mourir le 3 sept. 1680.

8. R. : pour remettre à...

9. R. : et revérende communauté...

meres de n[ot]re ordre de vos contrée que ie salue dans un profond respect, ie vous remercie de vos beaux enimes[1] vous avez trop de bonté pour nous et pour moy en particulier qui vous suis sans reserve,

Ma Reverende et tres intime Mere,

Tres humble[2] et tres obeisente servante

en Jesus-Christ.

Sr Marie De Lincarnation[3].

IX

Jhs. Mra. Jph.

de n[ot]re Monastere de Quebec

le 12 septembre 1670

Ma Reverende et tres chere Mere,

Jesus soit notre vie et notre amour pour leternité. Cest avec un santimant de ioye que i ay receu votre chere lestre puis que mon cœur se sent uny a v[ot]re chere personne tres particulierem[en]t, ie suis estonnée que vous nayez pas receu celle que ie me donné lhonneur de vous escrire le R[everen]d pere Pierron layent mise dans le paquet quil adressoit au R[everen]d pere Pierron son frere aussy de la Compagnie de Jesus auquel vous auiez confié celle que vous eustes la bonté de m'escrire, iay receu la v[ot]re de cette année par un

1. R. : de vos beaux... vous avez... — Le mot omis par Richaudeau est-il pour *énigmes?*

2. R. : votre très humble...

3. R. : de l'Incarnation R. C. I. De notre séminaire etc... C'est la date, mise en tête dans l'autographe et transportée ici par l'éditeur.

des R[everen]ds peres qui est venu en ce pays avec v[ot]re boiste le petit Jesus et les images qui estoient dedans, vous estes trop obligente ma tres chere Mere de vouloir bien vous souvenir de vos sœurs qui sont si esloignée de vous, et de moy en particulier qui merite loubly des s[ain]tes ames, ie loue v[ot]re devotion a la s[ain]te enfence de Jesus, lon y est grandem[en]t devot en ce pays, mais ce nest pas en la pratique du 25e des mois, cela est enclavé en une confrayrie a la s[ain]te famille[1] cest n[ot]re grande devotion. une personne de france nous en a envoye un tres beau tableau qui est en n[ot]re Chœur, car nous tenons Chœur icy côme en nos maisons de france, v[ot]re petit Jesus est tres beau. lon n[ou]s en envoye de france qui nen aprochent pas, plusieurs de mes sœurs[2] en ont dans leur chambres, ie vous remercie tres humblem[en]t de votre charitable present et des bonnes volontez que vous conservez pour n[ou]s si vous avez la bonté de n[ou]s escrire iay treuvé une voye assez sure cest par le moyen de Mons[ieu]r Talon Intendant pour le Roy en la Nouvelle france[3], il a eu de grande commissions en flandre et au quenois par sa Maiesté[4] il a bien des inteligences en ces pays bas il ma[5] dit quil a este en v[ot]re maison et quil y a deux des filles dun de ses amis, il ma promis de vous faire tenir mes lestres, et de vous envoyer une adresse pour les reponses, par celle que ie vous escrivy l'année passée ie repondois a

1. R. : confrérie *de* la...
2. R. : plusieurs de *nos* sœurs...
3. Sur ce personnage voir le beau livre de M. Thomas Chapuis : « *Jean Talon, intendant de la Nouvelle-France* (1665-1672). Québec 1904, in-8° de 540 pages et l'article du P. Henri Chérot sur cet ouvrage dans *La Nouvelle-France*, août 1904, p. 353-364. Jean Talon avait été dix ans intendant du Hainaut 1655-1665. La première intendance de Talon au Canada dura trois ans et deux mois. En novembre 1668 il se rembarqua pour la France, mais retourna dans la Colonie dès le mois d'avril suivant pour arriver à Québec en août 1670. « La seconde administration de Talon prit fin en 1672. Il mourut en France le 23 novembre 1694. » (H. Chérot, l. c., p. 364).
4. R. : en Flandre de la part de sa...
5. R. : en ces pays, car il m'a dit...

toutes vos questions fidellement et ie vous faisois des demandes de la facon côme vous vous estes establie es lieux ou vous estes et si vous estiez sortie[1] de n[ot]re convant de Bordeaux; iay receu cette année une lestre de la R[everen]de mere de La Rocque prieure de ce Monastère qui man a esclaicie[2], ce qui ma donné une consolation bien grande de ce que n[ot]re s[ain]t ordre est dilaté en tant dendroitz, cette bonne Mere ma envoyé une liste de toutes nos maisons de France et de ce quelle connoit de vos cartiers avec commission de vous l'envoyer, mon aymable Mere ie vous suplie que sil y a quelques uns de vos monasteres qui y soient obmis de m'en envoyer le nombre et les lieux de leur situation pour les adiouter a la copie de celuy que ie vous envoye[3], cette bonne Mere prieure de Bordeaux est ravie de savoir que nous avons lhonneur de v[ot]re communication, elle vous salue et embrasse avec toutes les S[ain]tes R[eligieu]ses qui sont sortie du Liege[4], elle ma chargee de vous demander si la R[everen]de mere de malpreu, et la R[everen]de mere Prisque avec lesquelles n[ot]re R[everen]de mere de la Croix avoit grande communication et qui les aymoit dune tandresse admirable sont en vie, cette bonne Mere de la Roque dont je vous parle est sa chere fille et qui estoit entrée au novitiat a 12 ans, il y a 58 ans quelle est r[eligieu]se, elle vous suplie que si la R[everen]de Mere Prisque vit encore de luy présenter son tres affectionné salut. elles se sont souvent escrit lune a lautre et celle cy le continuroit sans la difficulté des voyes, cette bonne mere me dit que vous estes nos veritables sœurs et que s'a estè Mgr le cardinal de Sourdis qui par commission du S[ain]t-Siège vous a incorporé en n[ot]re Congregation. Dieu en soit beny etternellement, mon aymable Mere. demeurons donc

1. R. : des demandes sur la manière dont vous êtes établies dans les lieux et si vous étiez...
2. R. : qui m'en a instruite.
3. R. : à la liste que je vous envoye.
4. R. : sorties de Liege...

en cette s[ain]te union ie vous en coniure pour l'amour de Dieu, la R[everen]de Mere de la Rocque me charge encore de vous dire, que dans le livre de la Cronologie de lordre des ursulines qui se fait au convant du faubour Saint-Jacque a paris vous estes placée avec n[ot]re convant de Bordeaux côme une des glorieuse émanations que le S[ain]t-Esprit en a tirée et quil n[ou]s a mis au cœur côme un lien indissoluble; cette cronologie qui se fait a paris et fort avancee et qui nest pas preste destre achevée, n[ot]re Congrégation y envoye[1] leur memoires pour les choses remarquables de leurs sœurs deffuncte; n[ot]re Congregation est fort unie a celle de Paris estant tres conforme lune a lautre[2], n[ou]s navons point eu de peine de n[ou]s unir avec leurs sœurs qui sont avec nous, il paroit[3] dans les mœurs fonctions et acord en toute choses que nous soyons sortie dune mesme maisme maison, il y a dautres convants et congregations dursulines en france, mais il ny a pas semblable raport[4]; outre que se sont les deux congregations plus nombreuses celle de Paris ont[5] bien autant de convant que la n[ot]re. elles nous escrivent de toutes partz et nous ont randu bien de l'assistance pour nous ayder en nos cheres Canadoise[6]. il estoit party deux R[everen]ds Peres jesuistes de vos cartiers pour les missions des sauvages, il y en a un nommé le R[everen]d pere Robo lequel a tellement fatigué a assister les soldatz malades de son navire qu'il en est mort lorsquil arriva au premier port de Canada[7] ou est

1. R. : est fort avancée et n'est pas prête d'être achevée. Les maisons de notre congrégation y envoient...

2. R. : de Paris, l'une étant très conforme à l'autre...

3. R. : il *semble* dans les mœurs... — C'est le désir de changer pour changer qui seul explique ces modifications...

4. R. : « il n'y a pas de semblables rapports... » — Ce qui est simplement un contre-sens et une trahison de la pensée de Marie de l'Incarnation. Son idée était : il n'y a pas conformité comparable, et la correction maladroite signifierait : il n'y a pas de relations aussi intimes ou fréquentes.

5. R. : les deux congrégations *les* plus nombreuses, celle de Paris *a* bien...

6. R. : en nos cheres Canadiennes...

7. R. : au premier port *du* Canada...

une des belles missions on le mis a terre ou il randit lesprit, ainsy il fit la son sacrifice, sans passer plus avant, côme un autre s[ain]t francois Xavier il mourut seul assisté dun bon frere, le R[everen]d pere Crespeuil[1] n[ou]s a dit que le pere Robo avoit deux cousines en flandre qui avoient grand desir destre avec nous, lon en a mesme parlé a Mons[ei]g[neu]r n[ot]re digne prelat, ie ne scais sil repondra a ce point estant de luy que nous despandons, et aussy que le R[everen]d pere Robo estant mort il na pas esté plainem[en]t imformé de cette affaire[2], si cela avoit pu reussir n[ou]s aurions embrassé ces cheres filles dun grand cœur comme nos tres cheres et bien aymée sœurs; puis que Mr Talon ma assurée de faire tenir nos lestres et de recevoir les reponces suivent son billet dadresse[3], si vous avez pour agreable ma tres chere Mere de n[ou]s honorer de vos lestres et de nous envoyer quelque chose vous pouvez prandre cette voye, nous serons bien consolée davoir .. livre de la venerable Mere Anne de Beauvais, n[ou]s avons un mortuaire fort bien fait conforme aux Rubriques ie vous remercie tres humblem[en]t de v[ot]re bonne volonté. on nous la envoyé de france. lon nimprime point encore en ce pays, il n[ou]s a fallu faire des reglemans convenables pour ce lieu qui ne sont qua la main. M[onsei]g[neu] n[ot]re Prelat qui est vicaire apostolique les a aprouvez[4] c'est côme si rome y avoit passé. de la mesme auctorité[5] il a aprouvé n[ot]re esta-

1. Jean-François Crepeuil ou Crespieul, né à Arras, le 16 mars 1639, arrivé au Canada en 1669, mort en 1702. Cf. Sommervogel, II, col. 1652.

2. R. : s'il répondra *en* ce point. Comme nous dépendons de lui et que le révérend Pere Robo est mort, on ne nous a pas pleinement informées de... — La pensée est de nouveau faussée par ce changement.

3. R. : m'a assurée de faire parvenir nos lettres et les réponses suivant son billet d'adresse, si vous avez...

4. R. : convenables pour cela, et bien qu'ils ne soient qu'à la main, Mgr... — Ce *bien qu'ils* ne soient, etc., posé comme une concession et exception est une gratuite addition du correcteur que rien n'insinue dans le texte primitif. Comme s'il fallait des pouvoirs spéciaux et une bienveillance particulière pour approuver des règlements locaux... et *manuscrits* dans un pays où l'imprimerie ne fonctionne pas !

5. R. : de sa même autorité...

blissem[en]t en Canada; un grand Jesus de sire se romproit a cause des debris qui se souffre dans un si long trajet[1] n[ou]s serions ravie den avoir beau mais cest domage de risquer. ie vous rand mes humbles remercimans de v[ot]re offre charitable ma tres chere mere, côme en toutes les bontez[2] que vous avez pour n[ou]s, toutes mes sœurs vous presente leur tres respectueux salut et vous randent tres humble grace de v[ot]re souvenir, permetez moy de saluer v[ot]re S[ain]te et R[évéren]te Com[munau]tté que ihonore et respecte beaucoup.

Toutes les missions ont de nouvelles benedictions de Dieu pour les grandes conversions qui y sont par les travos de nos R[everen]ds Peres. cest une chose estonnante de voir iusques ou vont ces grand serviteurs de Dieu qui treuvent des peuples iusque dans les extremitez du monde qui se randent[3] docillent a escouter la doctrine s[ain]te quilz leurs enseignent, nous avons de iolie seminaristes de 3 nations nous leur aprenons a vivre a la francoise a lire et escrire[4] ce sont les delices de nos cœurs. ie les recommande a vos s[ain]te priere, soyez donc persuadée que vous este bien proche de mon cœur et que cest sans reserve que ie vous suis en celuy de Iesus[5] ma R[everen]de et tres intime Mere.

Tres humble obeisente et obligée servante

Sr Marie De lincarnation Rse urs ind[6].

Je suis sortie de la charge de sup[érieu]re du mois de mars dernier mes six ans estants finis, celle qui lestoit devant

1. R. : à cause des *chocs* qui se souffrent dans un si long trajet... — La traduction exacte mais triviale eût été — à cause de la *casse inévitable* dans...

2. R. : Comme de toutes les bontés...

3. R. : qui trouvent jusque dans les extremités du monde des peuples...

4. R. : à lire et à écrire...

5. C'est une preuve à joindre à tant d'autres de l'emploi fréquent fait par la Vénérable Marie de l'Incarnation de l'expression du *Cœur* de Jésus et de sa dévotion à cet égard. Cf. plus haut, p. 27-32, 41, p. 2 et 55.

6. R. : Sœur Marie de l'Incarnation, R. U.

moy y est entrée, et moy en celle d'assistante. lon ma encore chargée des jeunes proffesses et des novices. priez Dieu ma chere mere qu'il me donnne la grace de man bien aquittee, depuis que n[ou]s sômes en ce pays n[ot]re R[everen]de Mere sup[erieu]re et moy avons succedé lune a lautre en la conduitte de cette maison, ie commencé en arrivant icy ma chere mere de S[ain]t-Joseph de n[ot]re monastere de Tours et la mere Cecille de S[ain]te-Croix R[eligieu]se de Dieppe me furent donnees pour compagnes, iay satisfait a v[ot]re piétté au tombeau de ma chere compagne [1].

A Ma Reverende Mere

La Reverende Mere Cecille de S[ain]t-

Joseph tres digne Prieure des

ursulines de Mont en Haynot

a Mont

Cachet [2].

X

Aux ursulines de Québec ce

21e septembre 1670. [3]

Ma Réverende et tres chere Mere,

Depuis celle que [4] ie me suis donné la consolation de vous escrire par l'entremise de Monr Talon intendant de La Nou-

1. Il s'agit de la Mère de Saint-Joseph, morte, comme nous l'avons vu, en odeur de sainteté.
2. Le même que sur la lettre du 24 août 1671.
3. Richaudeau, t. II, p. 452, Lettre CVIII. A la supérieure des Ursulines de Mons. La Mère Cécile de Saint-Joseph.
4. R. : Depuis la lettre que...

velle france, lon a pris resolution[1] de demander des Re[li-gieu]ses pour nous venir ayder a servir n[ot]re seign[eu]r es personnes de nos cheres filles Canadoise[2], ie vous en ay des-ia fait quelq[ue] ouverture par ma precedence, lon iette les yeux sur celles de vos cartiers que nous voulons preferer a plusieurs autres de france qui nous presse de les apeller, mais le R[everen]d pere Crespeuil nous a tant fait destime des v[ot]res[3] que cela nous a gaigné le cœur. il a veu celles auxquelles dieu a donné vocation pour ce dessein il nous en a fait grande estime côme de la S[ain]te Com[munau]tté dou elles sont, si cela peut reussir, ie vous suplie ma tres chere mere de contribuer a ce bon œuvre, et nous obliger dassurer[4] la Re[veren]de Mere prieure d'ou ceront ces bonnes Re[li-gieu]ses que nous cherirons ses filles et que nous en ferons nos plus affectionnée sœurs, elles partagerons avec nous les biens et les travos qui se rencontre et en cette nouvelle[5] Eglise que nous estimons infinim[en]t plus que toutes les delices de leurope, ce petit mot est a la haste[6] parce que le Navire va partir ie vous embrasse un milion de fois et vous suis et a v[ot]re S[ain]te Com[munau]tté,

Ma R[everen]de et tres chere Mere,

Tres humble et tres obeisente servante

Sr Marie De lincarnation Rse urs ind[7].

A Ma Reverende Mere, La R[everen]de mere prieure des ursulines de Monᵗ en Haynots

a Mont

(Cachet ordinaire).

1. R. : ... la nouvelle France, on a pris la resolution...
2. R. : N.-S. dans la personne de nos chères filles canadiennes...
3. R. : nous a montré tant d'estime pour les vôtres...
4. R. : à cette bonne œuvre; et vous nous obligerez en assurant...
5. R. : qui se rencontrent dans cette nouvelle Eglise...
6. R. : est écrit à la hâte...
7. Richaudeau, t. II, p. 466. Lettre CCXI.

XI

JHS. MRA. JPH.

Aux ursulines de Quebec

le 24e daoust 1671.

Ma Reverende et tres honorée Mere,

Jesus soit n[ot]re vie et n[ot]ré amour pour le temps et leternité. Quoy que nous nayons encore ny navire ny nouvelles de france qui nous puissent imformer de nos affaires et des dispositions de nos amis, neanmoins par une providence particuliere le R[everen]d pere Ragueneau ayent hasardé un paquet de lestres par la voye de la Pescherie, il est venu iusquà nous. iy ay treuvé celle quil vous a pleu m'escrire, avec celle de ma R[everen]de mere Philipe de Ste ursule ce qui ma et a n[ot]re Com[munau]tté aporté une singulière ioye de lhonneur de v[ot]re charitable souvenir, la chere v[ot]re[1] est datée du 30e novembre que iay receue a la my ieuin[2] 1671. le R[everen]d Pere Ragueneau nous mande que vous avez eu la bonté de luy adresser pour nous la som de cent vingt cinq livres quil a employée pour les besoins de n[ot]re seminaire, parce que cest luy qui nous fournit tout, ie vous en rand mes tres humbles actions de grace ma tres chere mere ie prie Dieu den vouloir estre v[ot]re recompense et des s[ain]tes ames qui y ont contribué nous navons point encore receu le livre de n[ot]re venerable mere Anne de Beauvais. si le dit R[everen]d Pere la receu nous le treuverons en nos paquetz. par avance ie vous en rand mes humbles remercimans.

Lorsque ie me donné lhonneur de vous escrire ma premiere de lannée passée ie ne savois pas que mes cheres meres vos

1. R. : Votre chere lettre est...
2. R. : novembre. Je l'ai reçue à la mi-juin...

bonnes sœurs eussent de lapel[1] pour la mission de Canada, n[ou]s neussions eu garde de ietter les yeux ailleurs; cette proposition des R[everen]des meres de namur ne nous ayent esté faite par le R[everen]d Pere Crespueil qu alors que le dernier navire estoit pres de faire voile, ce qui me fist[2] vous escrire une 2e fois pour vous dire ce qui ce proposoit de par deca a ce suiet en la confiance que javois en v[ot]re chere personne qui n[ou]s pouvoit ayder de son credit en la demande que n[ou]s faisions, et le R[everen]d pere[3] Crespueil n[ou]s parloit de la sorte côme si les affaires desdites meres eussent esté assurée et ce fut pourquoy monseig[neu]r n[ot]re digne prelat avoit pris la peine et donné toute commission[4] au R[everen]d pere Ragueneau et efectivement[5] nous natandions point d'autres ursulines de celles[6] de flandre; par la lestre dudit R[everen]d pere ie vois les affaires qui ont[7] changé de fare, il me dit que vous aviez eu[8] la bonté eu esgard a sa s[ain]te ferveur de mes cheres meres vos bonnes filles de nous en vouloir donner deux de Chœur et une converse qui estoit iustement ce qu'il nous failloit. nos leur avions des-ia preparé leur chambres et tout ce qu'il failloit pour les bien soigner. en vérité nous estions si fort persuadée[9] de leur passage que nous les croyons desia tenir a l'exclusion[10] de nos Srs de france qui postuloient depuis plusieurs années, mais dis-ie le dit[11] R[everen]d pere nous ayant exposé vos bonnes volontez et celles de v[ot]re s[ain]te Com[munau]tté

1. R. : ... eussent de l'attrait...
2. R. : ... faire voile, cela me fit vous écrire...
3. R. : ... que nous faisions. Le Rd pere Crépeuil...
4. R. : ... Mgr notre digne prélat avait donné toute commission...
5. R. : ... au révérend pere Ragueneau. Effectivement...
6. R. : ... ursulines *que* celles de Flandre...
7. R. : ... dudit révérend pere *Ragueneau* je vois *que* les affaires ont...
8. R. : ... que vous avez eu...
9. R. : ... étions si persuadées.
10. R. : ... les croyions déjà *venues* à l'exclusion... — Le remplacement est peu en rapport avec le contexte.
11. R. : ... mais ledit révérend Père...

dans les premiers articles de la lestre côme dune affaire faite, a la fin il me dit que tout a esté arretté et que nous ne scaurions avoir des v[ot]res[1]. ie me suis doutée que monseig[neu]r v[ot]re digne prélat pourra en avoir esté la cause, la lestre du pere est en date du mois de janvier, ce qui la obligé les affaires estant pressée p[ou]r l'embarquem[en]t, de recourir a nos Meres de paris et de Bourges qui pressoient depuis quatre ans, enfin elle nous en envoye chacune deux scavoir[2] trois sœurs de Chœur et une converses, qu'un hôme venu de la pescherie nous a assuré les avoir veue[3] a la Rochelle, n[ou]s ne savons cela que par raport de.[4] cet home parce que ny elles ny nos meres ne n[ou]s ont point escrit[5].cest pourquoy n[ou]s ne scaurions assurer si elles se sont embarqué ou non ce qui nous met en grande peine crainte que quelq[ue] accident leur soit arrivé[6] parce quil y a plus de quatre mois que lhome les a veüe. vous me demandez si ie suis hors de charge, ouy ma tres chere Mere par la misericorde de Dieu depuis quelq[ue] temps, lon ma donné en charge nos ieunes professes et les Novices avec la charge dassistante que n[ou]s appellons en france soubz prieure; n[ot]re R[everen]de mere se nomme de St Athanaze[7] elle est sortie du convant des ursulines du faubourg St-Jacques a Paris il y a 31 an quelle est avec nous, elle et n[ot]re Com[munau]té eussions esté ravie davoir de vos filles, et nous nous randons toutes nos tres humbles remerciemans de nous les avoir voulu donner et de ce quelles vouloient bien venir, nous les regardons côme nos tres aymée sœurs et v[ot]re Ste famille une avec la n[ot]re en com-

1. R. : ... que nous ne saurions avoir des *sœurs*... — Au lieu des *vôtres*, ce qui modifie singulièrement le sens.
2. R. : ...elles nous envoient chacune deux sœurs, savoir...
3. R. : ... nous a assuré avoir vu à la Rochelle...
4. R. : ... que par le rapport de cet...
5. R. : ... ne m'ont écrit...
6. R. : ... accident ne leur soit arrivé...
7. Voir plus haut, p. 7, 56, 58 et 59.

munautté de biens spirituelz. agreez donc cette reiteration[1] mon aymable mere ie vous en coniure n[ot]re R[everen]de Mere et n[ot]re Com[munau]tté vous remercie de v[ot]re charitable aumone que nous tacherons de reconnoistre aupres de Dieu, ie croy que vous aurez receu la Relation de lannée passée que le R[everen]d Pere Ragueneau me mande vous avoir envoyée de n[ot]re part. Dieu continue ses s[ain]tes graces sur les Missions par la decouverte de nouveaux peuple, et de grande conversions, le Diable enragé de ce progres a mis le feu dans la plus belle Chapelle et maison de refuge des R[everen]ds Peres pendant quilz travailloient pour la gloire de Dieu a quelques lieue de la. mais les bon peres nont point perdu courage pour cela, ilz en ont baty une plus belle qui ne fut pas plus tost achevée qu'on y baptisa quarente enfants sauvages et ainsy les miserables demons ont plus perdu quilz n'ont gaigné. Il y a eu des guerisons miraculeuses pour confirmation de n[ot]re s[ain]te foy en plusieurs des barbarres au quelz des sorciers avoient voulu faire croire que le Baptesme faisoit mourir leurs enfans. ilz ont estez desabusez voyant les œuvres de Dieu si contraire a ce que leurs disoient leurs iongleurs. Il nous est mort une de nos seminaristes aagée seullem[en]t de six ans, cestoit une enfant la plus esclairée quon scauroit se limaginer[2] et extremem[en]t patiante, elle estoit idropique, par lordre des mesdecins il luy fallut[3] ouvrir le ventre elle vit faire cette opération par diverses fois sans se plaindre et deux fois le iour ouvrir sa playe côme un robinet et en tirer plusieurs paoisletes d'eau[4]. elle estoit sondee dans les instestins frequam[men]t. elle regardoit et souffroit cela en souriant et disant mon Dieu ie vous loffre, les mesdecins en estoient ravis et lun deux qui venoit de france par admiration ma dit plusieurs fois qu'il navoit[5]

1. R. : ... cette vénération... — C'est une faute de lecture.
2. R. : ... qu'on pouvait se l'imaginer...
3. R. : ... de nos medecins, il fallut lui...
4. R. : ... plusieurs mesures d'eau.
5. R. : ... m'a dit plusieurs fois par admiration...

iamais veu un si grand esprit ny une telle patiance ny une piété semblable, elle se confessoit frequem[men]t, Mgr n[ot]re Digne prelat la iugea capable de recevoir le S[ain]t viatique et la S[ain]te onction ce quelle receu avec esprit, elle demandoit pardon aux imfirmiers[1] lors quelle cestoit eschapee de faire quelq[ue] plainte, un iour devant[2] sa mort quelle estoit en covüllltion et côme en agonie son confesseur ne voyant pas[3] quelle luy put parler se retira, lors dune voix ferme elle lapela disant mon pere ie me veut confesser, elle le fit avec esprit[4], ce pere et nous toutes en èstions admirée[5], peut de momans après cette petite ange expira, elle estoit fille sauvage[6] mais elle nan avoit ny la facon ny lhumeur ny les meurs, nous avons creu que Dieu avoit fait passer par de si grande souffrances cette innocente pour les pechez de quelqun ou pour la conversion de ses parans, vous voyez mon aymable mere que la grace prand son siege dans certaines ames predestinée, n[ou]s en avons cinq autres[7] qui n[ou]s donne bien de la satisfaction, priez pour elles toutes sil vous plais ie demande cette grace a v[ot]re s[ain]te Com[munau]tté que ie salue et embrasse avec vous, agreez le tres respectueux salut de n[ot]re R[everen]de mere et de n[ot]re Com[munau]tté ie me donneray la consolation de vous escrire par une autre voye. ie suis sans reserve ma tres R[everen]de mere v[ot]re tres humble et tres humble et tres obligee et obeisante servante

Sr Marie De lincarnation R. v. ind[8].

Jay donné v[ot]re lestre au R[everen]d Pere Recteur des Jesuistes.

---

1. R. : ... avec esprit de foi : elle demandait pardon aux infirmières...
2. R. : ... un jour avant sa mort...
3. R. : ... ne croyant pas...
4. R. : ... mon pere je veux me confesser. Elle le fit avec intelligence...
5. R. : ... en étions dans l'admiration...
6. R. : ... elle était fille de sauvage...
7. R. : ... nous en avons *cinquante* autres...
8. R. : ... votre tres humble, tres obligée. — Marie de l'Incarnation, R. U.

XII[1]

Ce 24e septembre 1671.

Depuis La presente escrite nos sœurs sont heureusem[en]t arrivée en bonne santé apres avoir esté trois mois chez nos meres de La Rochelle ; elles ont passé par sept de nos maisons, chemain faisant. nous navons point encore receu le Livre de la venerable M. Anne de Beauvais, si le R[everen]d pere Ragueneau la receüe nous la treuverons dans L'un[2] de nos ballot, ie vous remercie bien humblem[en]t[3] ma tres chere mere de toutes vos bontez et liberalitez pour n[ou]s.

A Ma Reverende Mere

La R[everen]de Mere Cecille de St-Joseph

Prieure des ursulines de Mons en Haynos

a Mons.

***

Les divergences relevées entre le texte publié anciennement par M. l'abbé Richaudeau et la copie authentique qui nous a été fournie d'après les autographes conservés à Mons, pourront sembler quantité négligeable. La substance même de la pensée de l'auteur avait été en effet suffisamment respectée pour que les lettres comprises dans son édition n'offrent ici aucun élément absolument nouveau. Toutefois on me permettra d'appliquer à sa publication trop peu scrupuleusement fidèle ce que, très judicieusement, écrivait de certain mémoire de Mme de Maintenon édité par La Beaumelle, un second éditeur appelé comme moi à rectifier une multitude de détails

1. On peut chiffrer à part comme une sixième lettre cette addition; mais, bien que d'une date postérieure à la première partie de l'envoi, elle dut être expédiée par le même navire que la lettre du 24 août.

2. R. : ... nous le recevrons dans un de nos...

3. R. : ... je vous remercie humblement...

secondaires et en apparence futiles, corrigés d'après le texte original : « Non pas certes qu'il ait voulu altérer, ni qu'il ait, en fait, altéré le texte *manié* et *remanié* par lui. Le sens n'en est point du tout changé ; il en a seulement modifié bon nombre de phrases par de légères retouches, par de petites additions ou suppressions. Ce ne sont que des mots, des riens, ce n'est après tout qu'une toilette de style, mais c'est insupportable : on n'a plus devant soi qu'un document frelaté et auquel il devient impossible de se fier entièrement[1] ».

Au reste, quand cette modeste collection de lettres de la fondatrice des Ursulines de Québec, dont plusieurs étaient inconnues et toutes à contrôler sur l'original, n'aurait que le mérite d'inviter à reprendre une étude d'ensemble sur ce recueil de lettres historiques si précieuses pour l'histoire du Canada, je ne croirais pas ce service inutile au lendemain des fêtes du second centenaire de Québec.

1. *Bulletin de la Société d'histoire du Protestantisme français*, t. XXXIX, 1890, p. 396. *Mémoire de Madame de Maintenon sur le rappel des Huguenots fugitifs*, (publié par M. Ch. Read, d'après l'autographe n° 15904 du British Museum, f° 167-172.)

INDEX ALPHABÉTIQUE[1]

1. Les notes sont indiquées par le chiffre placé en exposant ; quand le mot est dans la partie d'une note débordant une page, le chiffre est mis entre parenthèses.

TABLE CHRONOLOGIQUE[1]

1. Les lettres de la V. M. Marie de l'Incarnation mentionnées dans ce travail sont indiquées dans cette table chronologique, sans autre mention que : lettre à... Celles qu sont citées intégralement sont imprimées en *italiques*.

1642. 3 février. — Profession du P. Claude Martin 49 [1]
— 30 août. — *Lettre à l'abbesse de Port-Royal* 56 (V)
— 1er septembre, cf. 1er septembre 1643 49 [1]
— 27 août. — *Lettre de S[r] St-Athanase à Port-Royal* 58-59 (VI)
— 30 août. — *Lettre à la M. Agnès* 56, 61-63 (VII)
— 2 septembre. — Lettre à Mlle de Chevreuse 28 [2]
1643. 1er septembre.— » à son fils 24, 28 [2]
— » » à sa sœur 49 [2]
1644. 7 août. — » à une sup. d'Ursulines de Dijon 28 [2]
— 9 août. — » tirée de la Préface de la Vie 63 [2]
— 26 août. — » à son fils (29)
— 9 septembre. — » à la M. Marie de l'Incarnation de S.-Denis (29)
1645. 3 septembre. — » à une de ses sœurs (29)
— 3 octobre. — » à son fils (29)
— 14 octobre. — » à une de ses parentes (29)
— 18 décembre. – Marie de la Nativité élue supérieure à Tours (44)
1647. 7 octobre. — Lettre à une Visitandine (29)
1648. 24 août. — » » (45) [2]
— 7 septembre. — » à son fils (29)
— 16 septembre. » » 60 [2]
— après le 18 oct. » à une dame (29), 32 [1]
1649. 11 octobre. — » à une de ses sœurs (29)
— 22 octobre. — » à son fils (29)
— 23 octobre. — » » (29)
1649. 30 octobre. — Départ du P. Le Jeune 40 [3]
1650. 13 août. — Lettre à une de ses sœurs (29)
1652. (de Québec) » à son fils (29) 32 [2]
— 4 avril. — Mort de la M. Marie de S.-Joseph 25
— 18 septembre. — Lettre de la M. de S.-Germain 25 [3]
— 26 septembre. — » à une de ses sœurs (29)
1653. 30 août. — » » (29)
— 26 octobre. — » à son fils 24 [1]
1654. 13 août. — » à une dame (29)
— 27 septembre. — » tirée de la Préface de la Vie 63 [2]
1660. 17 septembre. — » à son fils (74)
— 23 octobre. — » à une jeune Ursuline (29)
— 2 novembre. — » à son fils 73 [3]
1661. 16 septembre. — *Lettre à son fils* 28-36
1663. 20 octobre. — » à la supérieure de Mons 64-68
1664. 7 août. — Mort du P. Le Jeune 45 [3]
— 16 août. — Lettre à son fils 51 [1]
1666. 3 septembre. — » » (29)

1668. 15 septembre. — Lettre à la M. de S.-Germain (29)

— 20 octobre. — » à sa nièce (29) 32[2]

— novembre. – Talon retourne au Canada 80[3]

1669. 10 juillet. — Lettre sur son noviciat 51[2]

— 1er octobre. — » *à la supérieure de Mons* 69-79 (VIII)

— 11 octobre. — » à la M. Marie de Ste-Catherine (29)

1670. août. — Second débarquement de Jean Talon à Québec 80[3]

— après le 3 sept. — Lettre à la M. Marie-Cécile de S.-Joseph (29)

— 12 septembre. — » *à la supérieure de Mons* 79-85 (IX)

— 21 septembre. — » *à la supérieure de Mons* 85-86 (X)

— 25 septembre. — » à son fils (29), (52)

— 30 novembre. — » de la supérieure de Mons 87

1671. mi-juin. — Marie de l'Incarnation reçoit la lettre du 30 novembre précédent 87

— 24 août. — Lettre *à la supérieure de Mons* 65, 87-91 (XI)

— 24 septembre. — » *à la supérieure de Mons* 92 (XII)

— 9 novembre. — » à la supérieure de Mons (lettre perdue) 64[2]

1672. 30 avril. — Mort de la M. Marie de l'Incarnation (2)

1675. 18 juin. — Mort du P. Poncet, S. J. 47[1]

— 15 octobre. — Achevé d'imprimer de la Vie de Marie de l'Incarnation 2[1]

1680. 3 septembre. — Mort du P. Paul Ragueneau, S. J. 78[7]

— 18 novembre. — Mort du P. Claude Pijart, S. J. (47)

1694. 23 novembre. — Mort de Jean Talon 80[3]

1695. 10 novembre. — Mort de Nicole 5

1696. 9 août. — Mort du P. Claude Martin 3[1], 5[2]

1874. 30 juillet. — Lettre du conservateur de la Bibliothèque de Troyes 54

1906. 10 mars. — » de M. Ch. Hodevaere au R. P. L'Hoir, S. J. 64, 65

TABLE DES MATIÈRES

I

II

BOTANIQUE, HYGIÈNE, MÉDECINE.

1° **LA BOTANIQUE MÉDICALE AU PRESBYTÈRE**, par un curé de campagne, vol. in-8°. . . . . 4 fr.

L'*Ami du clergé* (2 janvier 1908) écrit au sujet de ce livre indispensable aux familles : « ... Le *Curé de campagne* vient enfin de sortir de ses tiroirs son répertoire de Botanique médicale. Il a passé sa vie à la campagne, ou mieux, dans les forêts, dans une des régions tempérées de notre France où la flore est la plus riche. Avec le culte des âmes, il a eu toujours au cœur le culte des fleurs ; et dans les fleurs il a vu, non pas seulement le doux reflet de la beauté de Dieu, mais aussi une des merveilles de sa bonté. Il a aimé à y surprendre le secret des trésors que la Providence a déposés dans leur sucs intimes pour le soulagement de l'humanité. Il s'est senti, dès ses premières années de Sacerdoce, *un vif attrait pour la Médecine ;* après quarante ans passés de ministère, il est l'oracle de la région qu'il habite ; et des mécréants qui, dans leur village, refuseraient ou rougiraient de saluer un prêtre, font bien des lieues pour venir implorer l'expérience de ce modeste curé.

C'est le fruit d'une immense expérience que l'on cueillera ici. Ce n'est pas du tout une flore analytique ; l'auteur suppose les plantes connues... On nous en dit le nom scientifique, les noms vulgaires, les propriétés thérapeutiques, l'époque à laquelle il convient d'en faire la récolte, les parties utilisables, les précautions à prendre pour la dessiccation et la conservation, les divers modes d'emploi et de préparation, les doses approximatives minima et maxima, susceptibles d'ailleurs de modifications selon l'âge et le tempérament du malade ainsi que selon le degré de la maladie. C'est une mine inépuisable de renseignements pratiques. Et c'est pour rester pratique qu'on a rangé les plantes tout uniment dans l'ordre alphabétique, en manière de dictionnaire, laissant de côté les plantes exotiques pour se borner aux plantes indigènes, à celles qu'on a le plus aisément sous la main.

Et à ce dictionnaire alphabétique des plantes, on a joint, en appendice, un dictionnaire, alphabétique aussi, ou mémorial thérapeutique des principales maladies avec indication des plantes à utiliser dans le traitement...

2° **LA MEDECINE AU PRESBYTÈRE**, par un curé de campagne, complément de la Botanique médicale au presbytère. *Du même.* Vol. in-12. 3 fr.

3° **LE MÉDECIN ET LES MÉDICAMENTS CHEZ SOI**, par le Dr A. TROSSELLE, nouvelle édition. Cet intéressant et très utile recueil comprend : hygiène, médecine pratique, formules et conseils pour prévenir et guérir un grand nombre des maladies les plus communes. Un vol., petit in-12, br. de 250 pages. Prix : *(franco par poste)*. . . . . 2 fr. 25

4° **LE LIVRE DE LA FEMME ET DE LA MÈRE**, par le même auteur. Ce livre, arrivé rapidement à sa 4e édition, devrait se trouver entre les mains de toutes les femmes, de toutes les mères soucieuses de l'hygiène domestique. C'est le meilleur guide qu'elles puissent choisir pour conserver et entretenir leur santé et la santé de leurs enfants. Un vol., petit in-12, broché. Prix *(franco poste)*. . . . . 2 fr. 25

5° **ÉTUDES SUR LA PHTISIE PULMONAIRE**, de son traitement par des moyens hygiéniques et du traitement de la bronchite chronique, par le Dr A. BLANC. Vol. in-8., br. 1 fr.

6° **NOTICE SUR LES PROPRIÉTÉS MÉDICINALES DE LA FEUILLE DE CHOU** et sur son mode d'emploi. *Du même.* In-8°, broché. . . . . 2 fr.

7° **CAUSERIE DU DOCTEUR**, par le Dr DEROUET, in-12. . . 3 fr.

8° **ART DE VIVRE SELON L'HYGIÈNE**, par le Docteur DESPINAY, in-12. . . . . 1 fr. 50

9° **L'ART D'AMÉLIORER ET DE CONSERVER SA SANTÉ** par Emile THEONTINE. In-12. 1 fr. 50

10° **CONSEILS AUX FEMMES OU SOINS A DONNER A LEUR SANTÉ**, par F.-J.-X. SERVANS, in-12, broché. . . . . 3 fr.

11° **LE MÉDECIN CHRÉTIEN** ou médecine et religion, par Mgr SCOTTI, In-12, broché. . . . . 3 fr.

12° **L'INFIRMIER DE LA MAISON** ou conseiller médical des Familles, par le Dr LOUIS. In-12. . 3 fr.

PATROLOGIA SYRIACA

PUBLIÉE SOUS LA DIRECTION DE

Mgr GRAFFIN, PRÉLAT DE SA SAINTETÉ

PROFESSEUR A L'INSTITUT CATHOLIQUE DE PARIS.

Cette collection, entreprise par Mgr Graffin avant la Patrologie orientale, forme maintenant une partie de cette dernière.

Tandis que la Patrologie orientale admet des traductions en langues vulgaires et superpose le texte à sa traduction, la Patrologie syriaque ne comporte que des traductions latines et juxtapose (sur colonnes parallèles) le texte et sa traduction. De plus, la Patrologie syriaque donne un texte vocalisé avec les variantes de tous les manuscrits accessibles et ajoute des tables des matières et de tous les mots syriaques employés par chaque auteur; elle suit à peu près l'ordre chronologique et entend donner des éditions aussi définitives qu'on peut le faire aujourd'hui. En somme, ces deux publications (Patrologie orientale et Patrologie syriaque) se complètent et ne contiendront pas les mêmes textes syriaques.

Ont déjà paru. :

TOME I. — APHRAATE, **Homélie I-XXII** (écrites en syriaque de 337 à 345, au temps de la persécution de Sapor II).

Un volume gr. in-8°, format de Migne, de LXXX pages et 1053 colonnes, 30 francs.

TOME II, — *a)*. APHRAATE, **Homélie XXIII**, Table des matières et des mots syriaques d'Aphraate 1-489; — *b)*. BARDESANE, **Le livre des lois des pays** (écrit vers l'an 200), Table des matières et des mots syriaques de Bardesane, 490-658; — *c)*. **Siméon Bar Sabbâé** (martyrisé sous Sapor en 341). Les diverses rédactions de son histoire et les hymnes qui lui sont attribuées; Tables des matières et des mots, 659-1055; — *d)*. **L'apocalypse de Baruch**, 1056-1207; — *e)*. **Lettre de Baruch**, Table des mots et des matières pour les apocryphes de Baruch, 1208-1306; — *f)*. **Testament d'Adam**, 1307-1361; — *g)*. **Appendice au testament d'Adam** : Le texte grec des Apotelesmata (talismans) d'Apollonius de Tyane, Table des mots syriaques et des noms propres grecs.

Un volume gr. in-8°, format de Migne, 1428 pages ou colonnes, 30 fr.

Va paraître.

TOME IV. — **Le livre des degrés**, ouvrage ascétique syrien du IVe siècle, publié par le Dr M. KMOSKO, professeur à la faculté de Budapesth.

En préparation :

TOME III. — **Clementis Romani opera** quæ supersunt, syriace.

www.ingramcontent.com/pod-product-compliance
Lightning Source LLC
LaVergne TN
LVHW020342230826
846091LV00003B/962

* 9 7 8 2 0 1 2 7 8 1 3 9 9 *